SCHAFFUNG EINES MEHRWERTS FÜR DIE KUNDEN.

SCHAFFUNG EINES MEHRWERTS FÜR DIE KUNDEN

von: D.K. Hawkins
Version 1.1 ~November 2022
Veröffentlicht von D.K. Hawkins bei KDP
Copyright ©2022 von D.K. Hawkins. Alle Rechte vorbehalten.

Kein Teil dieser Veröffentlichung darf ohne vorherige schriftliche Genehmigung der Herausgeber in irgendeiner Form oder mit irgendwelchen Mitteln, einschließlich Fotokopien, Aufzeichnungen oder anderen elektronischen oder mechanischen Methoden oder mit Hilfe eines Informationsspeicher- oder -abrufsystems, vervielfältigt, verbreitet oder übertragen werden, mit Ausnahme von sehr kurzen Zitaten in kritischen Rezensionen und bestimmten anderen nichtkommerziellen Verwendungen, die nach dem Urheberrecht zulässig sind.

Alle Rechte vorbehalten, einschließlich des Rechts auf vollständige oder teilweise Vervielfältigung in jeder Form.

Alle Angaben in diesem Buch wurden sorgfältig recherchiert und auf ihre sachliche Richtigkeit überprüft. Der Autor und der Herausgeber übernehmen jedoch keine Garantie, weder ausdrücklich noch stillschweigend, dass die hierin enthaltenen Informationen für jede Person, jede Situation oder jeden Zweck geeignet sind, und übernehmen keine Verantwortung für Fehler oder Auslassungen.

Der Leser übernimmt das Risiko und die volle Verantwortung für alle Handlungen. Der Autor kann nicht für Verluste oder Schäden verantwortlich gemacht werden, die sich aus den in diesem Buch enthaltenen Informationen ergeben, seien es Folgeschäden, zufällige Schäden, besondere Schäden oder sonstige Schäden.

Alle Bilder sind frei verwendbar oder von Stockfoto-Websites erworben oder lizenzfrei für die kommerzielle Nutzung. Ich habe mich bei der Erstellung dieses Buches auf meine eigenen Beobachtungen sowie auf viele verschiedene Quellen gestützt, und ich habe mein Bestes getan, um Fakten zu überprüfen und Quellenangaben zu machen, wo sie angebracht sind. Sollte Material ohne entsprechende Erlaubnis verwendet worden sein, kontaktieren Sie mich bitte, damit das Versehen korrigiert werden kann.

Die in diesem Buch enthaltenen Informationen dienen nur zu Informationszwecken und sind nicht als Quelle für Ratschläge oder Kreditanalysen in Bezug auf das dargestellte Material gedacht. Die in diesem Buch enthaltenen Informationen und/oder Dokumente stellen keine Rechts- oder Finanzberatung dar und sollten niemals ohne vorherige Rücksprache mit einem Finanzfachmann verwendet werden, um festzustellen, was für Ihre individuellen Bedürfnisse am besten geeignet ist.

Der Herausgeber und der Autor geben keine Garantie oder andere Versprechen hinsichtlich der Ergebnisse, die durch die Verwendung des Inhalts dieses Buches erzielt werden können. Sie sollten niemals eine Investitionsentscheidung treffen, ohne vorher Ihren eigenen Finanzberater zu konsultieren und Ihre eigenen Nachforschungen und Sorgfaltsprüfungen durchzuführen. Soweit gesetzlich zulässig, lehnen der Herausgeber und der Autor jegliche Haftung für den Fall ab, dass sich die in diesem Buch enthaltenen Informationen, Kommentare, Analysen, Meinungen, Ratschläge und/oder Empfehlungen als ungenau, unvollständig oder unzuverlässig erweisen oder zu Investitions- oder anderen Verlusten führen.

Der in diesem Buch enthaltene oder zur Verfügung gestellte Inhalt stellt keine Rechts- oder Anlageberatung dar, und es wird keine Beziehung zwischen Anwalt und Mandant begründet. Der Herausgeber und der Autor stellen dieses Buch und seinen Inhalt auf einer "wie besehen"-Basis zur Verfügung. Die Nutzung der Informationen in diesem Buch erfolgt auf eigene Gefahr.

INHALTSVERZEICHNIS.

INHALTSVERZEICHNIS. 4

EINFÜHRUNG. 6

KAPITEL 1: WERTVERSTÄNDNIS. 10

KAPITEL 2: SCHAFFUNG VON MEHRWERT FÜR IHRE KUNDEN..29

KAPITEL 3: BEDEUTUNG DER WERTSCHÖPFUNG. 35

KAPITEL 4: STRUKTUR DER WERTSCHÖPFUNG. 43

KAPITEL 5: BEWERTUNG DER WERTSCHÖPFUNG. 52

KAPITEL 6: VERKAUFSWERT UND WIE ER SICH AUF IHR PRODUKT AUSWIRKT. 65

KAPITEL 7: DIE SCHAFFUNG UNWIDERSTEHLICHER ANGEBOTE, DIE SOFORTIGES HANDELN ERFORDERN, IST EIN MEHRWERT..71

KAPITEL 8: WIE MAN DEN KUNDENWERT IM LAUFE DER ZEIT VERFOLGT. 77

KAPITEL 9: EINZIGARTIGE VERKAUFSARGUMENTE FÜR IHR UNTERNEHMEN IN SCHWIERIGEN ZEITEN. 87

KAPITEL 10: WIE SIE DIE WAHRNEHMUNG IHRES WERTES DURCH IHRE KUNDEN STEIGERN KÖNNEN. 97

KAPITEL 11: WERBUNG MIT "NIEDRIGEM PREIS", ABER "WERT" IST FÜR DEN ERFOLG ENTSCHEIDEND. 104

KAPITEL 12: WIE EINE WEBSITE DEN WERT EINES UNTERNEHMENS STEIGERN KANN. 112

KAPITEL 13: STRATEGIE UND KUNDENORIENTIERUNG 117

KAPITEL 14: WIE SIE DIE ERFAHRUNG IHRER KUNDEN VERBESSERN KÖNNEN. 125

KAPITEL 15: TIPPS FÜR EINEN ZUSÄTZLICHEN NUTZEN FÜR IHRE KUNDEN. 132

SCHLUSSFOLGERUNG. 138

EINFÜHRUNG.

Kunden sind etwas, das man nie verlieren sollte, wenn man Geschäfte macht. Ohne sie gäbe es kein Unternehmen. Sie müssen alles tun, um eine angenehme Beziehung zu ihnen aufzubauen und zu pflegen.

Man kann vieles tun, um dies zu erreichen, aber man kann auch vieles nicht tun, um das gleiche Ergebnis zu erzielen. Unter all diesen Dingen ist der Mehrwert das wichtigste.

Einer der schlimmsten Fehler, den 99 Prozent der Unternehmen machen, besteht darin, Interessenten und Kunden kommen und gehen zu lassen, ohne zu überlegen, wie wertvoll sie für die Zukunftssicherheit des Unternehmens sind. Bevor Sie diese Frage beantworten können, müssen Sie den Wert Ihres Kunden ermitteln.

Jeder Kunde wird etwas kaufen. Wie oft im Jahr? Wie lange? Wenn Sie diese Zahlen nicht berechnen, haben Sie kein Geschäft, da Ihnen ein wichtiges Gut fehlt. Ihrem Unternehmen fehlt es an Wert. Es hat vielleicht einen Cashflow, und Sie können etwas Geld haben, aber es ist in erster Linie eine kurzfristige Investition.

Sie müssen immer daran denken, was Sie für Ihre Kunden tun können. Wenn Sie eine gewisse Gier besitzen, dann sollte diese im Namen Ihrer Kunden sein. Sie wollen den Geiz Ihrer Kunden bekämpfen.

Welche Vorteile und Nutzen können Sie Ihrem Produkt oder Ihrer Dienstleistung hinzufügen, um sie unwiderstehlich zu machen?

Nehmen Sie sich ein Blatt Papier und schreiben Sie die Worte auf: "Was kann ich meinen Kunden bieten?" und "Was kann ich meinen Kunden mehr oder weniger bieten? Was kann ich meinen Kunden besser anbieten? Was kann ich meinen Kunden stärker anbieten? Ich kann meinen Kunden weniger oder mehr von was bieten?" Alles, was Sie Ihren Kunden noch anbieten können.

Vergleichen Sie dann Ihre derzeitigen Talente und Fähigkeiten mit den aufgezählten anderen Vorteilen und Merkmalen und berechnen Sie, was es kosten könnte, diese Dienste anzubieten. Geben Sie dabei die neuen Merkmale und Vorteile, die zusätzlichen Kosten und eine Aufschlüsselung der Kostenbestandteile an. Dazu gehören die Kosten für das Produkt, den Versand, die Erfüllung, die Arbeit, den Bestand und die Lagerung. All diese Faktoren werden bei der Durchführung einer derartigen Übung berücksichtigt.

Wenn Sie ein dienstleistungsbasiertes Unternehmen betreiben, geben Sie die anderen Kosten in Bezug auf die Zeit an, die für die Bereitstellung des zusätzlichen Merkmals oder Nutzens erforderlich ist. Diese zusätzliche Zeit sollte mit der Zeit verglichen werden, die Sie damit verbringen, acht Stunden pro Tag, fünf Tage pro Woche, für jemand anderen zu arbeiten, und mit der Zeit, die Sie damit verbringen, zu lernen, wie Sie in Ihrem Unternehmen Geld verdienen können.

Sie können intelligenter arbeiten, wenn Sie verstehen, wie Sie Ihr Geld für sich arbeiten lassen können, indem Sie Ihr Produkt oder Ihre Dienstleistung härter für sich arbeiten lassen, als Sie es tun. Sie können mit weniger Aufwand viel mehr erreichen.

Wenn Sie jeden wie einen VIP behandeln, werden sie Ihr Geschäft für Sie aufbauen. Sie werden die nötige Zeit und den Service aufbringen, um gute Kundenbeziehungen zu pflegen. In ähnlicher Weise können Sie mit einem Dienstleistungsunternehmen weniger Zeit für die Gewinnung neuer Kunden aufwenden, wenn Sie Ihre bestehenden Kunden anders behandeln.

Denken Sie daran, dass Sie zwar Marketing für die Öffentlichkeit betreiben, Ihre Kunden sich aber jeweils auf eine Sache konzentrieren. Auch wenn Sie für den gesamten Markt werben, müssen Sie Ihre Kunden als einzigartige Individuen behandeln.

KAPITEL 1: WERTVERSTÄNDNIS.

Was ist Wert?

Der Gewinn ist die Differenz zwischen Ihren Kosten und dem Preis, den Sie auf dem Markt für etwas erhalten. Die Rentabilität hängt vom Wert ab. Das Verständnis des Wertes kann eine Fülle von Informationen darüber liefern, wie die Gewinne in jedem Unternehmen gesteigert werden können. Eine nützliche Methode, dies zu berücksichtigen, ist:

Preis - Kosten = Gewinn.

Dies bedeutet, dass hohe Gewinne immer das Ergebnis eines gründlichen Verständnisses der Kosten und der Preisgestaltung sind, obwohl dies wesentlich schwieriger sein kann, als es klingt.

Gewinn kann unterschiedlich betrachtet werden, aber es ist wichtig, die Rolle des Gewinns in der kapitalistischen Gesellschaft zu verstehen, um das Konzept vollständig zu erfassen. In einem freien Markt besteht das Ziel des Gewinns darin, Menschen und Kapital zu Aktivitäten zu bewegen, die anderen zugute kommen. Daraus ergibt sich, dass die meisten Organisationen, die sich mit Rentabilitätsfragen beschäftigen, höchstwahrscheinlich mit einem der folgenden Probleme zu tun haben:

1) Kalkulation.

2) Kunden gewinnen.

3) Kostenkontrolle.

4) Wert schaffen.

Viele Unternehmer sind auf das Konzept der Kostenkontrolle fixiert, das wesentlich mehr Aufmerksamkeit erhält, als es eigentlich verdient. In den meisten Branchen sind die Kosten nicht das wichtigste Kriterium bei der Kaufentscheidung der Kunden, obwohl sie wichtig sind. Die Menschen neigen dazu, sich auf die Kostenreduzierung zu konzentrieren, da dies einfach ist. Dies ist der falsche Ansatz, wenn man enorme Reichtümer erwirtschaften will.

Der Schlüssel zu astronomischen Gewinnen.

Wie Sie aus dem vorangegangenen Satz ersehen können, sind die wahnsinnigen Gewinne nur das Ergebnis der Bereitstellung eines immensen Wertes für eine Gruppe wohlhabender Verbraucher. Darüber hinaus ist der letzte Punkt bezüglich des Geldausgebens sehr wichtig.

Ich kenne Personen, die ehrgeizige Geschäftspläne für Kunden mit geringem oder gar keinem verfügbaren Einkommen entwickelt haben und an fehlenden Mitteln gescheitert sind. Denken Sie daran, was Willie Sutton auf die Frage, warum Bankräuber Verbrechen begehen, sagte:

Denn dort ist das Geld zu finden.

Wertschöpfung kann einfach sein, aber auch eine Herausforderung. Viele Menschen sind in der

Lage, einfache Werte zu schaffen. Aber nur sehr wenige sind in der Lage, eine anspruchsvolle oder komplizierte Wertschöpfung zu betreiben. Sie werden mehr Geld verdienen, wenn Sie wissen, wie Sie anspruchsvolle Aufgaben in Rechnung stellen können. Dies ist wichtig, da Sie die Auswirkungen des Wettbewerbs verstehen müssen. Bedenken Sie Folgendes:

Wie hoch ist der Wert eines Glases Wasser?

Ein Glas Wasser ist für Sie nicht viel wert, wenn Sie zu Hause oder am Arbeitsplatz sitzen. Vielleicht eine Münze auf der Außenseite. Und warum? Weil Sie leicht zu einem Wasserhahn gehen und für weniger als einen Nickel ein Glas mit Wasser füllen können, ohne viel Zeit zu investieren oder ein umfassendes Verständnis von Wasser zu haben.

Wenn ich mit dem einzigen Glas Wasser im Umkreis von 100 Meilen neben Ihnen stehen würde, würden Sie dieses Getränk wesentlich mehr schätzen. Überlegen Sie andererseits, welchen Wert dieses Wasser hätte, wenn Sie in der Wüste in einen

Flugzeugunfall verwickelt wären. Die Alternative gäbe es nicht, aber der Bedarf an Wasser wäre sicherlich vorhanden. Dies führt zu einem wesentlichen Konzept in Bezug auf den Wert:

Ihre zugänglichen Alternativen definieren den Wert.

Mit anderen Worten: Wenn es eine leicht zugängliche Alternative zu einem Produkt oder einer Dienstleistung gibt, werden die meisten Käufer diese ähnlich bewerten. Dies ist einer der Gründe, warum Banken und Fluggesellschaften in der Regel recht ähnliche Zinssätze und Tickets anbieten. Warum sollten Sie mehr für das eine bezahlen, wenn es keinen erkennbaren Unterschied zwischen den beiden Optionen gibt?

Hier kommt der Wettbewerb ins Spiel.

Wenn Sie etwas Einfaches tun, das einen Wert schafft, kann ein Konkurrent das Gleiche tun und es vielleicht sogar für einen Cent weniger tun, um den Kunden zu gewinnen. Fast immer wird die Bereitschaft der Konkurrenten, ihre Preise zu senken, durch ihre Kosten begrenzt. Das bedeutet, dass die meisten Ihrer Konkurrenten ihre Preise so weit senken werden, dass sie bei der Transaktion Geld verlieren, um Ihnen Kunden abzujagen.

Wenn man es aus einer anderen Perspektive betrachtet, opfern sie natürlich ihre Einnahmen für die Kunden. Dennoch werden die meisten Konkurrenten dies tun, weil sie glauben, dass das Umsatzvolumen den Verlust kompensieren wird. Betrachten Sie einen Limonadenstand, um die Realität dieses Problems zu verstehen.

Nehmen wir an, Sie betreiben einen Limonadenstand und Ihre Kosten pro Glas Limonade betragen 20 Cent, weil Sie Limonadenmischungen, Becher und anderes Zubehör benötigen. Sie beschließen, Ihre köstliche Limonade für 50 Cent pro Glas zu verkaufen, was zu folgendem Gewinnszenario führt:

Preis=$0.50 - Kosten=$0.20.

Gewinn=$0.30.

Um den gesamten Gewinn eines Unternehmens mit mehreren Verkäufen zu ermitteln, müssen wir die Einnahmen und Ausgaben für jede Transaktion addieren. Eine nützliche Methode, um dies zu berücksichtigen, ist:

Umsatz=Einheiten X Preis.

Die "Einheit" für Limonade ist ein Glas Limonade, also:

Umsatz = Limonadengläser X Preis.

Nehmen wir an, dass in diesem Viertel täglich 100 Kunden Limonade kaufen. Ja, die Nachbarschaft meiner Kindheit war nie so toll, aber wir tun nur so, also haben Sie Verständnis. Daraus ergibt sich das folgende Gesamtgewinnbild:

Umsatz=$50.00 - Kosten=$20.00.

Gewinn=$30.00.

Nehmen wir an, dass Egbert eines Tages einen Stand neben Ihrem aufstellt. Stellen wir uns vor, Sie gehen beide in den Laden an der Ecke, um Limonadenmischungen zu kaufen, die etwa 20 Cent pro Portion kosten und die gleichen Kosten haben. Wenn Sie Ihren Limonadenstand eröffnen, könnte Ihr Gewinnpotenzial wie folgt aussehen:

Preis=$0.50 - Kosten=$0.20.

Gewinn=$0.30.

Egbert ist von Natur aus ein fieser Konkurrent und kann es nicht ertragen, wenn Sie Geld bekommen. Daher beschließt Egbert, Ihnen die Kunden zu stehlen, indem er seine Preise senkt. Kunden, die so sind, wie sie sind, werden gelegentlich zu einer preisgünstigeren Alternative wechseln, andere jedoch nicht. Nehmen wir an, Egbert ist mit diesem Gewinnbild zufrieden.

Preis=$0.40 - Kosten=$0.20.

Gewinn=$0.20.

Dies wird mit ziemlicher Sicherheit dazu führen, dass Sie Verbraucher an Egbert verlieren. Wer könnte es ihnen verdenken? Der Käufer erhält die gleiche Limonade für 10 Cent weniger - was für ein Geschäft! Jetzt kommt der schwierige Teil: Einige Kunden werden nicht wechseln und weiterhin bei Ihnen kaufen.

Und warum? Ich habe es aufgegeben, das zu verstehen, aber es ist völlig richtig. Wenn sie die Wahl haben, werden einige Kunden immer noch mehr als den niedrigsten Preis zahlen. Vielleicht gefällt ihnen Ihr Anblick, oder sie sind nicht bereit, die zusätzlichen fünf Schritte zum Stand von Egbert zu gehen.

Warum sich die Mühe machen? Sie behalten diese Kunden, obwohl Sie einen höheren Preis verlangen. Klingt gut, oder? Ist es auch. Wenn alles andere gleich bleibt, werden die meisten Kunden bei Egbert kaufen, sagen wir 80 von ihnen. Sie behalten 20 Kunden aufgrund Ihrer Ausstrahlung, Ihrer amüsanten Verkaufsgespräche und Ihrer guten Lage. Daraus ergibt sich das folgende Gesamtgewinnbild:

Umsatz=$10,00 - Kosten=$4,00.

Gewinn=$6.00.

Die Gesamtbilanz von Egbert sieht wie folgt aus:

Umsatz=$32,00 -Kosten=$16,00.

Gewinn=$16.00.

Egbert verdient mehr Geld als du. Da das Böse nie triumphiert, möchten Sie einige dieser Kunden zurückgewinnen. Sie haben Ihre Preise auf 0,40 $ gesenkt, um mit Egbert gleichzuziehen. Was geschieht nun? Sie und Egbert werden sich den Markt wahrscheinlich gleichmäßig aufteilen, mit jeweils 50 Kunden. Damit ergibt sich für Sie beide das folgende Gewinnbild:

Umsatz=$20.00 -Kosten=$10.00.

Gewinn=$10.00.

Bedenken Sie, was hier geschehen ist. Als Sie anfingen, Limonade zu verkaufen, verdienten Sie jeden Tag 30,00 $. Egbert kam und reduzierte Ihren täglichen Gewinn auf 6 $, so dass er jeden Tag 16 $ verdienen konnte, und da Sie sich seinem Preis anpassten, verdienten Sie schließlich jeden Tag 10,00 $.

In diesem Beispiel sank der Gesamtgewinn ALLER Limonadenverkäufer in Ihrer Nachbarschaft von 30,00 $ (als Sie der einzige Verkäufer waren) auf 22,00 $ (nachdem Egbert den Markt betrat und die Preise senkte) auf 20,00 $ (als Sie beide den gleichen Preis hatten und den gleichen Gewinn erzielten). Die Limonade und die Verbraucher sind gleich geblieben, was hat also den Gewinn geschmälert?

Der Gewinn wird durch den Wettbewerb geschmälert.

A. Entwicklung des Werts.

Die Schaffung von Werten ist einer der wichtigsten Aspekte der Rentabilität. Wenn Sie ein

Lebensmittelgeschäft besuchen und einen Artikel kaufen (z. B. eine Schachtel Hundeleckerlis), können Sie nicht vor dem Geschäft stehen und den Artikel zu einem höheren Preis weiterverkaufen.

Der Grund dafür ist, dass die außerhalb des Geschäfts verkaufte Packung Hundeleckerlis nicht viel mehr oder weniger wert ist als die gleiche Packung, die im Geschäft angeboten wird. Sie konkurrieren mit dem Geschäft, indem Sie identische Dinge in einem benachbarten Gebiet verkaufen. Aber im Grunde genommen haben Sie keinen Wert geschaffen.

Ihre Schachtel mit Hundeleckerlis hat für den Kunden den gleichen Wert wie die Schachtel im Laden. Die meisten Kunden werden für Ihre Hundeleckerlis nur dann mehr bezahlen als in einem Geschäft, wenn Sie einen anderen Wert bieten. Hier sind ein paar Dinge, die den Wert Ihrer Hundeleckerlis steigern können:

Sie nehmen sie aus der Verpackung und füttern sie an den Hund.

Sie verbessern sie, indem Sie ihnen Zucker zusetzen.

Sie verpacken sie in einer Schachtel, die ästhetisch ansprechender ist.

Die Kunden fühlen sich wohl, wenn sie bei Ihnen kaufen.

Sie umarmen den Käufer, weil er bei Ihnen kauft.

Sie bringen Leistung beim Verkauf von Hundeleckerlis.

Hoffentlich haben Sie das Konzept verstanden. Sie können einen Mehrwert schaffen, indem Sie das Produkt verbessern, die Verpackung ändern oder irgendetwas anderes tun, das das Kauferlebnis des Kunden insgesamt verbessert - vielleicht nicht viel, vielleicht nur ein oder zwei Cent pro Leckerli. Wenn Sie jedoch genug Süßigkeiten verkaufen, kann sich das summieren, und Sie werden zweifellos mehr von

Ihren Produkten profitieren können als Ihre Konkurrenten.

B. Einzigartigkeit erreichen.

Die Konkurrenzsituation, die wir mit Egbert besprochen haben, ist gar nicht so ungewöhnlich. Wenn Sie nicht etwas tun, was Ihre Konkurrenten nicht nachahmen können, werden Sie Konkurrenz haben, auch wenn diese nicht besonders stark ist.

Wie können Sie Ihr Gewinnbild so aussehen lassen, als hätten Sie keine Konkurrenz?

Die Idee ist, eine Methode zu finden, um unverwechselbar zu sein. Idealerweise wollen Sie eine Einzigartigkeit finden, die einige Ihrer Kunden wichtig finden. Doch auch schlichte Fremdartigkeit und Seltsamkeit können etwas bewirken - man betrachte nur den Erfolg von Ben & Jerry's und dem Rainforest Café.

In einer Welt der Vanille wird Schokolade einen hohen Preis erzielen. Denken Sie jedoch daran, dass, wenn Ihre Einzigartigkeit erfolgreich ist und ein profitables Unternehmen hervorbringt, Ihre Konkurrenten wahrscheinlich früher oder später versuchen werden, sie zu imitieren.

Einzigartigkeit verschafft Ihnen einen Wettbewerbsvorteil, den Sie aufrechterhalten können, indem Sie es Ihren Konkurrenten extrem schwer machen, Sie zu imitieren. Es gibt viele Möglichkeiten, dies zu erreichen. Konkurrenten werden beim Kopieren scheitern, wenn einer der folgenden Fälle eintritt:

1. Sie können deine Originalität nicht kopieren.

2. Sie entscheiden sich, deine Einzigartigkeit nicht zu kopieren.

3. Sie können deine Unterscheidungskraft nicht duplizieren.

4. Der Gegner kopiert Sie ineffektiv, weil es ihm an Konzentration fehlt.

Untersuchen wir nun, wie man die Originalität im Lichte dieser vier Elemente bewahren kann.

Die Konkurrenten werden Unterscheidungsmerkmale nachahmen, die extrem schwer nachzubilden sind oder schwer zu erwerbende Fähigkeiten erfordern. Um dieses Element zu nutzen, wählen Sie Unterscheidungsmerkmale aus, die Fachwissen erfordern, das Sie besitzen, Ihren Konkurrenten aber fehlt.

Es ist äußerst schwierig, einen Konkurrenten zu etwas zu überreden. Um zu verhindern, dass Konkurrenten Ihr Unterscheidungsmerkmal kopieren, können Sie ein Merkmal wählen, das oberflächlich betrachtet unattraktiv ist. So kann beispielsweise jedes Unterscheidungsmerkmal, das die Preise erhöht oder dem traditionellen Denken darüber, wie man in Ihrer Branche Geld verdient, widerspricht, von Ihren Wettbewerbern als "unpraktisch" angesehen werden.

Ich habe mit Firmen zusammengearbeitet, die Millionen verdient haben, indem sie sich auf die unattraktivsten Kunden ihrer Branche konzentrieren, nur weil ihre Konkurrenten sich nicht die Zeit genommen haben, herauszufinden, warum niemand diese Kunden haben wollte.

Es gibt nur wenige Möglichkeiten, einem Konkurrenten zu verbieten, Sie zu kopieren; die meisten erfordern rechtliche und/oder staatliche Unterstützung. Der Patentschutz ist ein hervorragendes Beispiel dafür, denn er ist ein praktisches Mittel zur Wahrung der Originalität.

Leider haben die meisten dieser Strategien nur eine begrenzte Lebensdauer. Daher sollten Sie Ihre Unterscheidungskraft auf andere Weise erhöhen, während Sie unter staatlichem Schutz stehen. Wenn Sie das nicht tun, werden Sie feststellen, dass die Abhängigkeit vom rechtlichen Schutz eine lähmende Sucht sein kann, und ein kalter Entzug ist oft tödlich.

Der Fokusvorteil ist zweifellos eines der einfachsten und unkompliziertesten Instrumente, die kleineren Unternehmen zur Verfügung stehen. Er ist besonders wichtig, wenn man mit viel größeren Unternehmen konkurriert.

Wenn Sie sich auf einen Nischenmarkt konzentrieren, der wesentlich enger ist als der Ihrer größeren Konkurrenten, werden Sie wahrscheinlich der bevorzugte Anbieter in dieser Nische werden. Indem Sie Ihre Bemühungen auf die Bedürfnisse einer bestimmten Art von Verbrauchern konzentrieren, sollten Sie in der Lage sein, einen deutlich höheren Gewinn zu erzielen.

Viele kleinere Unternehmen lehnen diese Strategie ab, weil sie glauben, dass sie ihr Wachstumspotenzial einschränkt. Das Gegenteil ist jedoch in der Regel der Fall. In der Versicherungsbranche haben wir beispielsweise beobachtet, dass Unternehmen enorme Rentabilität und Wachstum erzielen, wenn sie einen Markt anvisieren, der weniger als 5 Prozent des Marktes ausmacht, den ihre Wettbewerber anvisieren.

Zu viele Menschen betrachten Profit als ein grundlegendes, schwarz-weißes Konzept, das nur durch vorhersehbare, reproduzierbare Mittel wie Kostensenkung erreicht werden kann. Zu verstehen, wie Einzigartigkeit zu Gewinn führt, ist eine fantastische Strategie, um Ihr Unternehmen zu differenzieren und eine überdurchschnittliche Rentabilität zu erzielen. Mit ein wenig Aufwand können Sie Ihr Unternehmen von anderen abheben und es so positionieren, dass es langfristig einen Wettbewerbsvorteil auf dem Markt hat.

KAPITEL 2: SCHAFFUNG VON MEHRWERT FÜR IHRE KUNDEN.

Aus der Sicht eines Dienstleistungsanbieters ist die Gewinnung eines neuen Kunden auf dem globalen Markt wichtig. Der Zyklus der Kundenakquise ist in der Regel langwierig, nicht nur wegen vertraglicher und rechtlicher Implikationen, sondern auch, weil die Kunden ihre Entscheidungen über die Auftragsvergabe oft davon abhängig machen, "welchen Wert das Unternehmen durch die Aufnahme des Dienstleisters (oder Verkäufers) in das Unternehmen gewinnt".

Die Arbeit mit neu gewonnenen oder bestehenden Kunden erweist sich für die Dienstleistungsanbieter im gegenwärtigen Geschäftsumfeld aufgrund der Konjunkturabschwächung, des Rückgangs der Geschäftstätigkeit, des scharfen Wettbewerbs, der

Auswirkungen auf die Preisgestaltung und der gestiegenen Betriebs- und Wartungskosten usw. als äußerst schwierig. Folglich sind sie gezwungen, sich um bessere Dienstleistungen zu einem niedrigeren Preis zu bemühen.

Andererseits neigt der Dienstleister nach der Übernahme des Unternehmens zu einer gewissen Selbstgefälligkeit, da er davon ausgeht, dass der Kunde bleiben wird und das Geschäft so geführt werden kann, wie es kommt. Die Beziehungen zwischen dem Kunden und dem Dienstleister können angespannt werden, wenn der Fokus auf den Aufbau von Beziehungen nicht positiv gestaltet wird. Dies kann zur Entstehung von Rissen führen.

Die Kunden von heute betrachten Dienstleister als Geschäftspartner und sind bereit, ihr Geschäftsökosystem mitzuteilen, um dem Dienstleister zu helfen, zu verstehen, wie sie ihr Geschäft betreiben. Es sollte wie eine geschäftliche Ehe und eine Stärkung der Kernkompetenzen des jeweils anderen erscheinen und nicht wie eine einmalige Partnerschaft.

Die Kunden sind zunehmend daran interessiert, langfristige Beziehungen zu ihren Dienstleistern aufzubauen und eine gemeinsame Plattform für den Austausch von Geschäftsanforderungen für ein gemeinsames Ziel zu schaffen.

Der moderne Dienstleistungsanbieter muss sich darauf konzentrieren, das Geschäftserlebnis des Kunden für sein Unternehmen, seine Kunden und seine Wettbewerber zu verbessern. Welche Art von Dienstleistung, Produkt oder Tool kann dem Kunden einen Wettbewerbsvorteil gegenüber seinen Konkurrenten verschaffen?

Aus der Sicht des Kunden stellt sich die Frage, wie er seinen Gewinn drastisch steigern kann, wie er seinen Kundenstamm und seine Umsatzziele erhöhen kann, wie er die betrieblichen, technischen oder servicebezogenen Probleme, die das Geschäft beeinträchtigen, minimieren kann oder wie er die Betriebs- und Wartungskosten seiner IT-Services senken kann.

Die meisten professionell geführten globalen Unternehmen, die sich mit Vendor Management befassen und ihre Produkte oder Dienstleistungen oder beides auslagern, haben kurz-, mittel- und langfristige Geschäftspläne, um signifikante Geschäftsvorteile von Dienstleistern zu erhalten und diese im Rahmen einer BLA, SLA oder OLA zu messen.

Diese Vereinbarungen werden in der Regel zu Beginn eines Vertragsverhältnisses gut durchdacht und regelmäßig mit dem Dienstleister überprüft.

Die Dienstleistungen von Dienstleistern (Anbietern) werden nicht mehr auf der Grundlage des Geldbetrags gerechtfertigt, der ihnen pro Stunde gezahlt wird, und ihrer Fähigkeit, gemäß den Vertragsbedingungen nachzuweisen, was geleistet wurde, um die Zahlung zu erhalten. In Bezug auf Wertanzeigen erwarten die Kunden viel mehr als nur einen Dollar als Gratisleistung.

Die Kunden erwarten von den Dienstleistern eine Vielzahl positiver Auswirkungen auf ihr Geschäft. Daher ist es unerlässlich, dass Dienstleister dies einplanen und kontinuierlich den Wert aufzeigen, den sie für ihre Kunden schaffen.

Es ist für Dienstleister unerlässlich geworden, Vorschläge mit Mehrwert für das Geschäftswachstum des Kunden zu entwickeln und die Demonstration der Fähigkeiten des Kunden zu planen, um größeres Vertrauen zu demonstrieren.

Für einen Dienstleistungsanbieter sollte die Erfahrung mit einem neu gewonnenen Kunden mit einem Sportereignis verglichen werden, bei dem die ersten Minuten entscheidend sind. Wenn Sie ein professionelles Spiel mit einer gewinnenden Einstellung und Zuversicht in Bezug auf das Erreichen von Ergebnissen zeigen, stehen Ihre Chancen, einen neuen Kunden zu gewinnen, sehr gut. Aber auch als erfahrener Spieler muss man jedes Spiel gewinnen, um glaubwürdig zu sein.

Der Dienstleister von heute muss sich an die Maxime "Jeden Tag den Kunden gewinnen" halten.

Jede kleine Handlung des Dienstleisters muss zum gewünschten Ergebnis für den Kunden führen. Dazu ist es erforderlich, mit dem Kunden aus einer geschäftsorientierten Perspektive zu interagieren und die Kundenerfahrung mit größerer Strenge zu verwalten.

Einige von Dienstleistern durchgeführte Umfragen mögen auf einen höheren Anteil kundenorientierter Strategien hindeuten, in der Realität wird jedoch nur ein Bruchteil der Kunden zustimmen.

Höhepunkt der Sitzung: Als Dienstleister in einem sich verändernden Geschäftsumfeld ist es von entscheidender Bedeutung, sich an das Geschäftsumfeld des Kunden anzupassen und sich schnell darauf einzustellen, um zu zeigen, dass die sich ändernden Ziele des Kunden auch Ihre Ziele sind.

Wenn der Kunde beispielsweise eine Senkung der Gesamtkosten um 10 % wünscht, wie sieht dann der Vorschlag Ihres Dienstleisters zur Optimierung und Konsolidierung der Dienste aus? Sie müssen

Ihrem Kunden das Gefühl geben, dass Sie ein integraler Bestandteil seiner Aufgabe sind.

KAPITEL 3: BEDEUTUNG DER WERTSCHÖPFUNG.

In der technischen Terminologie funktioniert das Konzept des "Perpetuum Mobile" so, dass mehr Output als Input produziert wird; in ähnlicher Weise erwartet die Geschäftswelt eine höhere Produktion pro ausgegebenem Dollar.

1. Die Kundenorganisationen haben aus unterschiedlichen Gründen das Bedürfnis nach globaler Wertschöpfung.

2. Die Kunden suchen nach Unterscheidungsmerkmalen, die sich positiv auf ihre Geschäftsergebnisse auswirken können.

3. Als Teil ihrer Geschäftsphilosophie neigen die Unternehmen dazu, mit weniger Aufwand mehr zu erreichen.

4. Der Druck des Marktes, der harte Wettbewerb, die Komplexität des Geschäfts und die Wachstumsaussichten üben einen starken Druck auf sie aus, mit weniger mehr zu erreichen.

5. Um ihr Überleben zu sichern, müssen die Manager der Kundenunternehmen ihr Management davon überzeugen, dass sie diese anderen Vorteile von ihren Dienstleistern erhalten.

6. Es ist möglich, Dienstleister auf der Grundlage des Mehrwerts, den sie dem Unternehmen bieten, zu vergleichen und auszuwählen.

7. Der Kunde erwartet vom Dienstleister, dass er ein Wachstumspartner ist.

Was ist der Wertschöpfungsprozess?

Die Definition des Begriffs "Wertschöpfung" kann für jeden Kunden je nach seinen Geschäftszielen und Problemen unterschiedlich ausfallen. Vereinfacht ausgedrückt könnte es sich jedoch um die Handlung eines Dienstleisters handeln, der einen Kunden (während der Erstellung, Implementierung oder Verwaltung einer Dienstleistung oder eines Produkts) zufriedenstellt, indem er ihm eine Rendite bietet, die über die Investitionen des Kunden oder die Kosten der Dienstleistungen hinausgeht.

Als vertragliche Anforderung wird sie manchmal als Gratisleistung bezeichnet, weil sie mit der erbrachten Dienstleistung oder dem Produkt kostenlos einhergeht.

Abgrenzung der Wertschöpfung von bezahlten Dienstleistungen:

Die Unterscheidung zwischen Wertschöpfung und bezahlten Dienstleistungen stiftet bei vielen Fachleuten immer wieder Verwirrung.

Ein Kundenunternehmen mag beispielsweise nicht überrascht sein, wenn Sie Dienstleistungen und/oder Produkte gemäß den vertraglichen

Zahlungsbedingungen erbringen; der für denselben Kunden geschaffene Wert kann jedoch den gezahlten Dollarwert übersteigen und in Form von materiellen oder immateriellen Vorteilen ausgedrückt werden, wie z. B. Kapitalrendite, verbesserte Kundenzufriedenheit im Kundenunternehmen, Verringerung der Gesamtzahl der geschäftlichen Fragen oder Probleme oder Erweiterung des Kundenstamms.

Die Einzelheiten der Wertschöpfung werden nicht vertraglich in der Leistungsbeschreibung oder im Auftrag quantifiziert, sondern sind de facto und oft ungeschriebene Erwartungen des Kunden. In einigen Fällen muss der Dienstleister sie aufdecken und den Kunden auf sie aufmerksam machen, um ihr Vertrauen zu gewinnen.

Die Wertschöpfung hat langfristige Auswirkungen auf das allgemeine Geschäftsklima im Unternehmen des Kunden.

Strategie zur Wertschöpfung:

Warum eine Strategie?

Aufgrund der explosionsartig gestiegenen Nachfrage nach IT-Dienstleistungen haben Dienstleistungsunternehmen in letzter Zeit damit begonnen, in ihren Grundprinzipien für die Arbeit mit dem Kunden festzuhalten, dass sie an die Entwicklung einer Geschäftsstrategie glauben, um einen größeren Wert zu liefern. Diese Strategien können das Vertrauen des Kunden stärken, indem sie sich an seinen Geschäftszielen oder Anliegen orientieren und ihm Sicherheit geben.

In gewissem Sinne ist die Schaffung von Mehrwert für einen Kunden ein fortlaufender Prozess, der überarbeitet werden muss, wenn sich die Geschäftsziele oder Anliegen des Kunden als Reaktion auf sein Geschäftsumfeld ändern.

Höhepunkt der Sitzung: Die Geschäftsstrategie, die ein Dienstleister für seinen Kunden entwickeln muss, muss mindestens das Zweifache des Vertragswertes schaffen, den er vom Kunden erhält.

Verschiedene Ebenen der Wertschöpfung:

Die Wertschöpfung für den Kunden erfolgt auf vielfältige Weise und erfordert ein umfassendes Verständnis der Interessengruppen, des Geschäfts, der Technologie und des Betriebs des Kunden. Zu den Stakeholdern der Kundenorganisation gehören Mitarbeiter, die Geschäftsleitung, Endbenutzer, Kunden und andere Anbieter.

Je nach ihren Problemen, Fragen, Anliegen und Geschäftszielen kann der Wert, der von jedem einzelnen wahrgenommen wird, variieren. Der Dienstleister muss all diese Faktoren berücksichtigen, wenn er Dienstleistungen für eine Organisation erbringt.

Der vom Dienstleister geschaffene Wert hat einen unterschiedlichen Geschmack und hängt von den jeweiligen Umständen ab. Es handelt sich um einen fortlaufenden Prozess, der auf der Ebene der einzelnen Instanzen entsteht. Der Einfachheit halber kann er grob in zwei Ebenen eingeteilt werden.

Strategische oder geschäftliche Ebene: Auf der Unternehmensebene ist die Wertschöpfung die aggregierte Auswirkung der vom Dienstleister erbrachten Dienstleistung oder des Produkts auf das Unternehmensumfeld und wird in Form von Zahlen, Prozentsätzen, Faktoren usw. quantifiziert. Die Berechnung und Bestimmung des Unternehmenswertes ist schwierig und kann gelegentlich irreführend sein. Oft ist die Bewertung der Wertschöpfung nicht greifbar.

Gute Beispiele für die greifbare Wertschöpfung eines Dienstleisters sind die Anzahl der neuen Kunden, die der Kunde aufgrund der außergewöhnlichen Leistung des Dienstleisters gewonnen hat, und der Prozentsatz oder Dollarbetrag des Umsatzwachstums.

Immaterielle Werte lassen sich nur schwer quantifizieren; man könnte sie daher als die Fähigkeit des Dienstleisters beschreiben, den Kunden bei der konsequenten Umsetzung des gesetzlichen Standards zu unterstützen, die Einhaltung der Vorschriften zu gewährleisten, den Betrieb zu erleichtern oder schwierige Fähigkeiten zu beschaffen, wenn das Unternehmen sie dringend benötigt.

Auf der operativen Ebene kann die Wertschöpfung materiell oder immateriell sein, je nach dem Geschäftsumfeld des Kundenunternehmens. Die Wertschöpfung auf operativer Ebene kann globale Auswirkungen auf das Geschäftsumfeld haben, muss es aber nicht. Sie hat einen eher lokalen Fokus.

Beispiele für greifbare Wertschöpfung durch einen Dienstleister sind SLA-basierte Verbesserungen, hohe Systemverfügbarkeit, eine prozentuale Verringerung der Ausfallzeiten und eine prozentuale Verbesserung der Reaktionszeit. Zu den immateriellen Wertmaßstäben gehören ein Höchstmaß an Zusammenarbeit, hervorragende Teamarbeit und die Einhaltung von Prozessen.

Der Wert, der für jeden Stakeholder des Kundenunternehmens geschaffen wird, lässt sich grob auf Geschäfts- und Betriebsebene einteilen.

KAPITEL 4: STRUKTUR DER WERTSCHÖPFUNG.

Jeder Dienstleister muss ein kundenspezifisches Rahmenwerk für die Wertschöpfung entwickeln, das auf das Geschäftsumfeld des Kunden abgestimmt ist und kontinuierlich zur Generierung von Mehrwertinstanzen genutzt werden kann. Das Framework bietet den Teammitgliedern der Service-Provider-Organisation ein hohes Maß an Konsistenz und ein klares Verständnis.

Ein solches Framework sollte als Wertschöpfungsmotor fungieren und durch Tools und Prozesse unterstützt werden, um den Puls des Kunden kontinuierlich zu erfassen. In Anbetracht der Ausweitung seines Geschäfts und seiner Kundenbeziehungen muss der Dienstleister möglicherweise in diesen Bereich investieren.

Verstehen von Wertvorschlägen und Entwickeln einer Strategie:

In der Regel beginnt das Wertschöpfungsangebot am ersten Tag der Kundenbeziehung. Der Dienstleister und sein Team müssen sich bemühen, jede Aktivität, die den Wert für den Kunden erhöht, methodisch zu planen. Wenn ein Kunde eine neue Serviceanfrage einreicht, muss der Anbieter der Bereitstellung anderer Werte Vorrang vor kostengünstigen Dienstleistungen einräumen.

In solchen Fällen muss der Dienstleister sein Verständnis für den Wert, den das Unternehmen seines Kunden durch die Ausführung bestimmter Aufgaben gewinnen könnte, bestätigen. Dies kann durch verschiedene Diskussionsforen und durch die Prüfung des Arbeitsumfangs erreicht werden.

Hier sind einige Inputs, die bei der Entwicklung eines strukturierten Plans für die Wertschöpfung helfen können.

1. Bestimmen Sie, was der Kunde an ihr schätzt;

2. Unterscheiden Sie zwischen den technischen und geschäftlichen Aspekten der Kundenbindung;

3. Bestimmen Sie, welche Funktionen und Dienstleistungen für den Kunden von größter Bedeutung sind;

4. Identifizieren Sie die größten Herausforderungen, Fragen, Einschränkungen oder Probleme des Kunden; und

5. Sprechen Sie mit Interessenvertretern wie technischen Teamleitern, Endbenutzern, Kunden und der Geschäftsleitung, um die geschäftlichen Erfordernisse und Auswirkungen zu verstehen.

6. Verstehen der Umgebung, des Marktes, der Kunden, des Standorts, der Branche und der Kultur des Kunden. Verstehen, wie die Nähe zum Kunden und die Zusammenarbeit verbessert werden können.

7. Schaffung eines gemeinsamen Verständnisses und einer gemeinsamen Definition von Wert mit dem Kunden.

Umsetzung des Wertschöpfungsplans:

Die Umsetzung des Wertschöpfungsplans innerhalb der Organisation des Dienstleisters erfordert Konzentration und Konsens. Jede Ressource, die mit der Erbringung von Dienstleistungen für den Kunden befasst ist, sollte ein klares Verständnis des Wertes haben, der dem Kunden im Laufe der Zeit geliefert werden muss, und die Methode kennen, mit der diese Informationen an das Management sowohl des Kundenunternehmens als auch des Dienstleistungsunternehmens weitergegeben werden können.

Der Wertschöpfungsplan muss einige Vorschläge zur Wertschöpfung auf Technologie-, Prozess-, Tool- oder Geschäftsebene berücksichtigen, die dem Kunden zugute kommen können; jeder

Vorschlag muss im Hinblick auf das Geschäftsumfeld des Kunden bewertet werden.

Die Organisation des Dienstleisters muss an eine offene Kultur der Zusammenarbeit mit dem Kunden glauben und sich trauen, Unklarheiten, blinde Flecken und Problembereiche förmlich aufzuzeigen, um die negativen Auswirkungen auf das Geschäft des Kunden zu minimieren.

Jedes Element eines Nutzens, das allen Beteiligten des Kundenunternehmens einen Mehrwert bringen kann, muss berücksichtigt werden. Gelegentlich können Vorschläge mit Mehrwert sowohl kurzfristige als auch langfristige Vorteile haben.

Bei der Umsetzung eines Vorschlags mit Zusatznutzen sollte der Schwerpunkt auf dem Erhalt wertvoller Ressourcen liegen, die für das Kundenunternehmen einen erheblichen Wert schaffen können.

Erfassen, Qualifizieren und Quantifizieren von Wertschöpfungsprozessen:

Oft leisten die Teams eines Dienstleistungsunternehmens eine Menge wertsteigernder Arbeit für ihren Kunden, die aber für den Kunden und das Management des Dienstleistungsunternehmens nicht sichtbar ist und daher unbemerkt bleibt. Dies ist ein Nachteil für das Team des Dienstleisters, da es die Chance verliert, anerkannt zu werden.

Ein weiterer Nachteil besteht darin, dass die Geschäftsleitung des Dienstleisters keine Perspektive hat und daher die Chance verpasst, anderen potenziellen Kunden Best Practices vorzustellen. Das Wertschöpfungskonzept und seine Weitergabe an das Team des Dienstleistungsunternehmens bieten daher die richtige Lösung für dieses Problem.

Die Wertschöpfung verändert den Geschäftsstatus des Kunden in einer Weise, die ihn wettbewerbsfähiger macht und es ihm ermöglicht, seine Geschäftsziele zeitnah zu erreichen.

Die Messung der Wertschöpfung erfordert die Implementierung eines systematischen Prozesses, um sicherzustellen, dass alle Fälle von Wertschöpfung erfasst, quantifiziert, dargestellt und vom Kunden genehmigt werden.

Dies trägt dazu bei, eine überzeugendere Grundlage für die Stärkung und Pflege der Beziehung zu schaffen. In der Regel erleben die Kunden die Auswirkungen von Mehrwertdiensten, die sie von Dienstleistern erhalten haben.

Die Qualifizierung dessen, was eine Mehrwertdienstleistung für einen bestimmten Kunden darstellt, ist von wesentlicher Bedeutung und wird durch eine enge Zusammenarbeit und häufige Rücksprache mit Vertretern der Kundenorganisation auf allen Ebenen erreicht.

Das Hauptaugenmerk bei der Qualifizierung eines Mehrwertdienstes liegt auf dem Geschäftsumfeld des Kunden, und es ist wichtig, Engpässe, Hindernisse und Probleme durch kontinuierlichen Dialog, Besprechungen und Managementpräsentationen zu identifizieren.

Sobald die Attribute der qualifizierenden Wertelemente bestimmt sind, können ein Prozess und/oder Tools entwickelt werden, um sie in der gewünschten Häufigkeit zu erfassen, zu quantifizieren und zu messen. Es ist auch wichtig, die Eignungsvoraussetzungen mit dem Kunden zu überprüfen.

Wenn beispielsweise ein Kunde bei der Implementierung eines neuen Geschäftsprozesses mit Hilfe eines IT-Systems Probleme mit dem Change Management seiner Mitarbeiter hat und Sie ein IT-Systemdienstleister sind, können Sie ihm einen Change Facilitator anbieten, der diese Probleme wirksam angehen kann, um Einführungsfehler zu vermeiden. Folglich ist die Qualifikation dessen, was für den Kunden wirklich von Nutzen ist, von größter Bedeutung.

Die Quantifizierung erfolgt unmittelbar nach der Ermittlung des qualifizierten Wertes des Kunden.

Die Quantifizierung eines Wertschöpfungselements von seinem nicht vorhandenen oder minimalen Zustand bis zu seiner greifbaren Form, nachdem Sie als Dienstleister daran gearbeitet haben, kann Ihren Erfolg belegen. Ob Kunde oder Dienstleister, die Quantifizierung des Mehrwerts in messbaren Größen liefert immer einen vergleichbaren Referenzindikator innerhalb des Unternehmens und oft auch für die Konkurrenz.

Diese Wertquantifizierung kann auf vielfältige Weise erfolgen, z. B. mit Zahlen, Prozentsätzen oder auf einer Skala von 0 bis 5 oder 0 bis 10. Die genaue Berechnung des Mehrwerts, die zeitnah und in logischen Abständen erfolgt, liefert einen guten Trend, der dem Dienstleister hilft, mehr zu erreichen, und dessen regelmäßige Darstellung das Vertrauen des Kunden stärkt.

KAPITEL 5: BEWERTUNG DER WERTSCHÖPFUNG.

Die Messung der Wertschöpfung erfordert ein klares Verständnis und eine klare Definition der Maßnahmen, eine rechtzeitige Erfassung und eine überzeugende Kommunikation mit dem Kunden.

Die Wertschöpfung erfolgt auf unterschiedliche Weise und setzt sich fort, bis der Dienstleister die Zusammenarbeit mit der Kundenorganisation aufnimmt. Diese Messgrößen sollten auch die Leistung von Tools, Prozessen und Mitarbeitern messen, um festzustellen, ob sie wertorientierte Ergebnisse liefern.

Nachstehend sind einige typische Kennzahlen aufgeführt, die belegen, dass eine Wertschöpfung stattfindet.

Kundenzufriedenheitsindex (CDI): Dies ist eine der Kennzahlen, mit denen Dienstleister den Grad der Kundenzufriedenheit ermitteln können. Diese Kennzahl kann in regelmäßigen Abständen erhoben werden.

Die steigende Tendenz des CDI und seine konstante Aufrechterhaltung auf höchstem Niveau zeigen, dass der Kunde mit der Qualität Ihrer Dienstleistungen zufrieden ist. Man kann feststellen, welche Aspekte der Dienstleistungen am meisten zur Kundenzufriedenheit beitragen.

Einige Beispiele für Kundenzufriedenheit sind die pünktliche Erbringung von Dienstleistungen während eines Auftrags oder eines Zeitraums, die Erbringung von Leistungen, die über die vereinbarten SLA hinausgehen, und die Beantwortung von Fragen, die deutlich schneller als die vereinbarte Zeitspanne sind.

Der Einsatz innovativer Techniken und Konzepte bei der Erbringung von Dienstleistungen für einen Kunden kann den Durchsatz verbessern, indem die Ausfallzeiten des Systems verringert werden.

Wenn Sie beispielsweise für die Wartung der IT-Systeme eines Kunden zuständig sind, bei denen früher vier bis sechs Stunden Ausfallzeit pro Woche anfielen, und Sie innovativ bessere Wartungsverfahren und -werkzeuge entwickelt haben, um diese Ausfallzeit drastisch auf nur eine oder zwei Stunden zu reduzieren, können Sie einen Bonus erhalten. Dies ist ein hervorragendes Beispiel für einen Mehrwert, den Sie Ihren Kunden vor Augen führen können.

Nach der Erfassung der Mehrwertkennzahlen ist es notwendig, diese in einem geeigneten Forum darzustellen. Dienstleister können die Ergebnisse ihrer Bemühungen um die Schaffung von Mehrwertdiensten bei regelmäßigen Management-, Geschäfts- und Fortschrittsbesprechungen mit Kundenorganisationen teilen.

Um ein günstiges Umfeld zu schaffen und zu zeigen, dass sie sich an den Geschäftszielen oder

Anliegen der Kundenorganisation orientieren, nutzen Service Provider häufig die Zeiträume der Vertragsverlängerung oder -erweiterung, um mit den Kunden über Mehrwertdienste zu sprechen.

Solche Mehrwertdienste werden dem Kunden auf Teamebene anhand von Fallstudien oder Best Practices vorgestellt. Einer der wichtigsten Aspekte, um festzustellen, ob wir einen Mehrwert für unsere Kunden geschaffen haben oder nicht, kann durch eine externe Perspektive angesprochen werden. Sie können diese Perspektive durch Gespräche mit einer Analystengruppe, einem Wettbewerber oder einer Umfrageorganisation einholen.

Dies ist aufgrund von Vertraulichkeitsbedenken und der Unklarheit von Mehrwertmaßnahmen etwas kompliziert. Dienstleister können die Perspektive eines Dritten nutzen, um die Wertschöpfung für große Kundenorganisationen zu verstehen.

Die Beurteilung des Pulses des Kunden und seiner Zustimmung zur Wertschöpfung für die vom

Dienstleister geleistete Arbeit gibt auch Aufschluss darüber, ob die Interessengruppen im Kundenunternehmen zufrieden sind und ob die Beziehung eine Win-Win-Situation darstellt.

Zu den Highlights der Sitzung gehören:

Der Rahmen für die Wertschöpfung ist ein langfristiger Vermögenswert für das Kundenunternehmen, der ihm Vertrauen und Transparenz darüber gibt, was der Dienstleister tun kann, um seinen Geschäftswert zu steigern.

Tools für die Wertschöpfung: Service-Provider-Organisationen haben möglicherweise spezifische Tools für mehrere Kunden entwickelt und implementiert, von denen einige bei ähnlichen Aufträgen identisch sein können. Je nach Geschäftsumfeld des Kunden kann es notwendig sein, Tools zu entwickeln, die, wenn sie effektiv eingesetzt werden, einen größeren Nutzen und Wert für den Kunden bieten.

Es ist von entscheidender Bedeutung, dass die Tools, die dem Kundenunternehmen schnelle Ergebnisse liefern können, berücksichtigt werden. Dies muss geschehen, bevor der Kunde das Gefühl hat, dass er keinen Wert mehr von seinem Dienstleister erhält.

Nachstehend einige Beispiele für empfohlene Instrumente:

Viele Dienstleistungsanbieter verwenden ausnahmslos Return-on-Investment-Modelle (ROI), um den Wert, der sich im Laufe der Zeit aus den Aufträgen ergibt, aufzuzeigen. Die Wahl der Parameter für Input und Output macht ROI-Berechnungen zu einer Herausforderung.

1. Wiederverwendbare Komponenten: Dies ist einer der größten Trümpfe, die ein Dienstleister ausspielen kann, denn wiederverwendbare Komponenten können sich positiv auf die Ergebnisse und den Output der Organisation des Dienstleisters auswirken, wodurch Fehler reduziert, Zeit gespart und

ein Vorsprung für Kundenengagements geschaffen wird.

Wenn ein Dienstleister nicht bereits über wiederverwendbare Komponenten verfügt, kann er sie für seinen Kunden erstellen, so dass die Kundenorganisation sie ohne weiteren Aufwand nutzen kann. Sie werden so zu einem wertschöpfenden Aktivposten.

Darüber hinaus ist es relativ einfach, den Mehrwert einer Dienstleistung oder eines Produkts für eine Kundenorganisation, die es regelmäßig nutzt, zu berechnen und zu demonstrieren. Sets von Anforderungs-/Verwendungsfällen, Testfällen, Vorlagen, Objekten und Plattformen sind typische Beispiele für wiederverwendbare Komponenten, ebenso wie Standardgeschäftsprozessabläufe für einen bestimmten Geschäftsprozess oder ein Produkt.

2. Umfrage zur Kundenzufriedenheit: Eine Umfrage zur Kundenzufriedenheit ist eine der effektivsten Methoden, die von fast allen

Dienstleistern eingesetzt wird, um das Niveau der für den Kunden erbrachten Mehrwertdienste zu messen.

Viele Dienstleistungsunternehmen haben Umfrageportale für ihre Kunden eingerichtet, um Feedback zu ihren Mehrwertdiensten für verschiedene Interessengruppen zu sammeln. Die Antworten auf die Umfragen enthalten spezifische Fragen und Bewertungen, die den von den Dienstleistern erbrachten Mehrwertdienst bzw. das Produkt beschreiben.

3. Ideenfindung und Innovationsmodelle: Dies ist eine der wichtigsten und beliebtesten Erwartungen, die Kundenorganisationen an ihre Dienstleister stellen, und in Verlängerungsverträgen werden diese Aspekte oft sehr detailliert untersucht.

Die Kundenorganisation möchte wissen, welchen Rahmen der Dienstleister entwickelt hat, welche Komponenten nachweisbar sind, ob die Ressourcen jedes Problem und jede Frage kreativ angehen usw. In Wirklichkeit sind die Ursprünge von

Mehrwertdiensten ausschließlich auf neue Lösungen zurückzuführen.

Viele Dienstleistungsunternehmen verfügen über Portale, Rahmenwerke und Initiativen zur Förderung von Innovationen und Ideen ihrer Mitarbeiter, die zur Bereitstellung von Mehrwertdiensten für ihre Kunden eingesetzt werden können.

4. Werteregister: Das Führen eines Wertregisters und die zeitnahe Aufzeichnung aller für den Kunden erbrachten Mehrwertdienste ist ein einfacher Ansatz, um alle Fälle von Mehrwert für den Kunden während des gesamten Engagements zu erfassen.

5. Motivationswerkzeuge: Viele Dienstleistungsunternehmen setzen Motivationsinstrumente wie Anreize, Belohnungen usw. ein, um die Entwicklung neuer, kreativer und innovativer Ideen zu fördern.

Häufig überreichen die Kundenorganisationen den Mitarbeitern des Dienstleisters auch Zertifikate und Geldprämien als Anerkennung für ihre außergewöhnlichen Beiträge und Mehrwertdienste. Beispiele hierfür sind die Bereitstellung von "out-of-the-box"-Lösungen für Kundenfragen oder -probleme, die nicht typisch für das Tagesgeschäft sind.

6. Die Anwendung von Best Practices ist vergleichbar mit dem Einsatz wiederverwendbarer Komponenten. Da viele Dienstleister in verschiedenen Kundenumgebungen arbeiten, werden die von anderen Kunden gesammelten Best Practices in einem Repository gespeichert und bei ähnlichen Situationen für andere Kunden eingesetzt.

Die Verwendung von Best Practices zur Lösung von Kundenfragen oder -problemen ist äußerst effektiv, wenn das Unternehmensumfeld und die Umstände identisch sind. Dies bedeutet einen erheblichen Mehrwert für die Organisation des Kunden.

7. Kundenspezifische Instrumente: Beziehungsmanagement und Transparenz auf Managementebene sind bei größeren Kundenkonten

von größter Bedeutung. Die meisten Dienstleister bemühen sich um die Erstellung von Programm-Dashboards, Scorecards, SLA-Management-Dashboards und Berichterstattungsportalen, um die Leistungen, Fortschrittstrends bei verschiedenen Messgrößen und den Gesamtzustand des Kundenkontos anzuzeigen. Dieser Service ist für die Kundenorganisation von großem Wert.

8. Tools für Eskalationen und Problemmanagement: Es handelt sich hierbei um relativ weit verbreitete, aber dennoch unverzichtbare Tools, vor allem für große Kundenkonten. Der eindeutige Zusatznutzen solcher Lösungen für den Kunden besteht in einer erheblichen Verringerung des Zeit- und Arbeitsaufwands für die Bearbeitung eskalierter Probleme und Eskalationen.

Wenn es sich negativ auf das Geschäft auswirkt, ist es unerlässlich, Informationen mit den notwendigen Parteien zu teilen, z. B. wann Probleme auftreten oder eskalieren, wer sich damit befasst und wie die Lösung aussieht. Mit diesen Tools können Sie einen hervorragenden Arbeitsablauf und einen durchgängigen Prozess entwickeln.

Viele Dienstleistungsunternehmen füllen die Problem- und Eskalationsdatenbanken für das künftige Problemmanagement auf. Selbst für kleinere Kundenkonten bietet ein einfaches Excel-basiertes Problem-/Eskalationsregister mit den erforderlichen Fakten eine solide Grundlage, und solche früheren Ereignisse können für zukünftige Probleme ähnlicher Art hilfreich sein.

9. Six-Sigma-Werkzeuge: Six-Sigma-Tools sind hocheffektiv und ergebnisorientiert. Sie helfen den Teams der Dienstleistungsanbieter, die Stimme des Kunden (Voice of the Customer, VOC) in der Definitionsphase zu erfassen. Es werden qualitätskritische Maßnahmen ermittelt und während des gesamten Verbesserungszyklus nachverfolgt.

Six-Sigma-Tools reichen aus, um den Nutzen zu demonstrieren, da Six-Sigma-Projekte in der Regel zwei bis drei Monate in Anspruch nehmen. Da die Technologie weit verbreitet und akzeptiert ist, ist es einfach, Kunden von den Vorteilen ihres Einsatzes zu überzeugen, um einen Mehrwert zu demonstrieren.

Zu den Highlights der Sitzung gehören: Tools sind die Ressourcen, die es Dienstleistern ermöglichen, für ihre Kunden kontinuierlich bessere Leistungen zu niedrigeren Kosten zu erbringen.

Zusammenfassend lässt sich sagen, dass die Schaffung von Mehrwert für den Kunden keine einmalige Übung ist, die darauf abzielt, ihm ein Lächeln ins Gesicht zu zaubern, sondern ein kontinuierlicher Prozess der Implementierung einer Geschäftsstrategie, die durch innovative Lösungen unterstützt wird, und deren Verwaltung während der gesamten Kundenbeziehung, um eine messbare, zweifache Rendite für seine Investitionen zu erzielen.

KAPITEL 6: VERKAUFSWERT UND WIE ER SICH AUF IHR PRODUKT AUSWIRKT.

Der Verbraucher bestimmt größtenteils, was einen Wert darstellt. Entweder man tut das, was für den Verbraucher am besten ist (wie bereits festgestellt), oder man tut es nicht. Aus der Sicht des Verbrauchers bedeutet "Mehrwert" nichts. Das Produkt selbst wird dadurch nicht wesentlich aufgewertet. Der Grundwert des Produkts muss für sich allein stehen.

Die Verbraucher werden von einem Vertriebsmitarbeiter kaufen, der sich wirklich um ihre Bedürfnisse kümmert und keine "zusätzlichen" Artikel anbietet, um den Verkauf abzuschließen.

Ich habe jahrelang versucht, Vertriebsmitarbeiter davon zu überzeugen, dass der

Wert, den sie "mitbringen", von ihnen selbst stammt. Es ist nicht etwas, das das Unternehmen anbietet, um seine Unfähigkeit zu kompensieren, den Verbraucher und seine Bedürfnisse zu verstehen.

Die Behauptung, einen Mehrwertdienst anzubieten, ist so, als würde man einem potenziellen Kunden sagen: "Kaufen Sie dieses Auto bei mir, weil die Reifen aufgepumpt sind."

Um einen Mehrwert zu bieten, muss man zunächst die Perspektive des Käufers einnehmen. Verstehen Sie, dass der Käufer immer versucht, seine Wünsche und Anforderungen zu erfüllen, niemals Ihre. Sie werden nicht berücksichtigt! Es geht immer um ihn und nie um Sie.

Vier Stufen der Käuferzufriedenheit:

Sie müssen die Erwartungen des Verbrauchers erfüllen. Überlegen Sie, wie Sie dies mit Ihrem Produkt oder Ihrer Dienstleistung erreichen können. Machen Sie sich klar, dass das Produkt oder die Dienstleistung die Bedürfnisse des Kunden befriedigt und keinen zusätzlichen Wert darstellt. Nichts, was der Ware oder Dienstleistung hinzugefügt wird, kann Ihnen helfen, die Kundenerwartungen zu erfüllen.

Damit will ich nicht sagen, dass die Extras unwichtig sind; sie sind das Thema der folgenden Aussage. Ich meine, dass mit dem Produkt bestimmte Erwartungen verbunden sind, die erfüllt werden müssen, sonst wird sich der Käufer anderweitig umsehen. Die Erwartungen richten sich auf das Produkt, nicht auf Ihren Zusatznutzen.

Können Sie vor dem ersten Gespräch eine Liste mit zwanzig wahrscheinlichen Erwartungen des Käufers erstellen?

Können Sie zeigen, wie Ihr Produkt diese Anforderungen erfüllt, ohne Superlative zu verwenden? Erstellen Sie eine Liste mit zwanzig Punkten, die die Anforderungen des Käufers erfüllen. Am nächsten Tag fügen Sie der Liste zwanzig weitere Punkte hinzu.

Sobald der potenzielle Käufer davon überzeugt ist, dass Sie seine Erwartungen erfüllen können, müssen Sie zeigen, dass Sie in der Lage sind, sie zu übertreffen. Sie müssen sich immer wieder die Frage stellen, wie Sie die Erwartungen des potenziellen Käufers übertreffen können - indem Sie dem ursprünglichen Kaufprodukt etwas hinzufügen.

Hier können Sie einen Mehrwert bieten.

Überlegen Sie sich zwanzig Möglichkeiten, wie Sie die Erwartungen Ihrer potenziellen Kunden übertreffen können. Betrachten Sie diese Faktoren aus der Sicht Ihrer neuen Kunden, um festzustellen, ob Sie das Ziel erreicht haben. Wenn nicht, kehren Sie zurück und entwickeln Sie zwanzig weitere Ideen. Am nächsten Tag fügen Sie der Liste zwanzig weitere Punkte hinzu.

Als Nächstes müssen Sie den Kunden auch nach dem Kauf zufrieden stellen. Dies wird manchmal als "Verkaufszufriedenheit" bezeichnet. Sie müssen den Unterschied zwischen Zufriedenheit und Vergnügen begreifen. Fragen Sie sich ständig: "Wie kann ich meinen Kunden erfreuen? Er denkt sich dann Mittel aus, um Kundenzufriedenheit zu erreichen. Können Sie sich zwanzig Methoden ausdenken, um Ihre Kunden zufrieden zu stellen?

Werden Sie morgen zwanzig zusätzliche Wörter in Betracht ziehen?

Wie wollen Sie die Änderungen von heute umsetzen?

Was sind Ihre Pläne für den nächsten Tag?

Sie wissen, dass es entscheidend ist, den potenziellen Käufer in jeder Phase des Verkaufsprozesses zu beeindrucken, um der Beste zu sein. Letztlich müssen Sie die Macht des Staunens begreifen. Halten Sie jetzt inne und überlegen Sie sich zwanzig Möglichkeiten, wie Sie Ihren potenziellen Kunden vom ersten Kontakt bis zur Weiterempfehlung an seine Freunde in Erstaunen versetzen können. Am nächsten Tag überlegen Sie sich zwanzig weitere. Planen Sie, wie Sie diese Maßnahmen anwenden wollen.

Wert setzt voraus, dass Sie Ihren Käufer verstehen! Ihr Produkt ist Ihr Wert, und Ihr Produkt ist Ihr Wert. Ohne Sie ist Ihr Produkt nichts weiter als eine Ware. Verkaufsprofis nehmen die Ware, fügen sich selbst hinzu und schaffen einen enormen Wert für potenzielle Käufer.

KAPITEL 7: DIE SCHAFFUNG UNWIDERSTEHLICHER ANGEBOTE, DIE SOFORTIGES HANDELN ERFORDERN, IST EIN MEHRWERT.

Mehrwert bedeutet, den Kunden mehr zu bieten, als sie anderswo erhalten könnten. Die meisten Menschen sind heute wertorientiert. Nicht der Preis ist das Wichtigste, sondern der Mehrwert, den sie erhalten, rechtfertigt die Kosten für Ihr Widget.

Bieten Sie Ihren Kunden einen deutlich höheren Nutzwert, als Sie an finanziellem Wert erhalten. Wenn Sie bei jedem Kauf mehr bieten, nehmen die Käufer diesen Kauf als wertvoller wahr.

Dieser Mehrwert verschafft Ihnen einen klaren und unübersehbaren Wettbewerbsvorteil gegenüber allen anderen Unternehmen, die vergleichbare Produkte verkaufen.

Das Ziel ist es, den Wert dessen, was Sie verkaufen, zu erhöhen. Machen Sie es für den Käufer viel vorteilhafter und wertvoller, bei Ihnen zu kaufen. Sie möchten, dass die Kaufentscheidung aufgrund des erheblichen Mehrwerts, den Sie bieten, eindeutig zu Ihren Gunsten ausfällt.

Eine einfache Möglichkeit, den Wert zu steigern, ist die Einbeziehung weiterer Boni bei jedem Kauf. Dies könnte bedeuten, dass Sie zu jedem Laptop eine schöne Tasche, zu jeder Nudelmaschine eine Schürze oder zu jeder Bohrmaschine einen hochwertigen Werkzeuggürtel beifügen. Viele solcher Prämien sind von spezialisierten Anbietern in großen Mengen und zu erschwinglichen Kosten erhältlich.

Die Bereitstellung von kostenlosen gedruckten Berichten, Audiokassetten, Filmen oder CDs ist eine einfache und kostengünstige Methode, um einen

Mehrwert zu bieten. Das Ziel ist es, dem Käufer zeitnahe und nützliche Informationen zu liefern. Hoffentlich handelt es sich dabei auch um etwas, das er oder sie anderswo nicht finden kann.

Oft können diese "Extras" zu einem sehr günstigen Preis nachgebildet werden, aber der wahrgenommene Wert, den sie einem Produkt verleihen, kann hundertmal oder mehr wert sein als ihre tatsächlichen Kosten.

Ein wesentlicher Bestandteil eines wirksamen Schreibens ist ein überzeugendes Angebot. Je überzeugender Ihr Angebot für potenzielle Kunden ist, desto größer ist die Wahrscheinlichkeit, dass Sie das Geschäft abschließen. Viele Direct-Response-Spezialisten sind sich einig, dass Sie Ihr Angebot verbessern müssen, wenn Sie Ihre Ergebnisse steigern wollen. Ein besseres Angebot bedeutet einen höheren Wert. Die Käufer erhalten einen größeren Wert für ihr Geld.

Es gibt viele gute Beispiele für Marketing mit Mehrwert, die im Fernsehen gezeigt werden. Sie können jederzeit oder nachts den Fernseher einschalten und viele Beispiele für andere Werte sehen.

Unter dieser einzigartigen Prämisse wird das Ginsu-Messer schon seit Jahren kommerziell verkauft. Sie erhalten mehrere Messer zu einem günstigen Preis. "Wenn Sie das weltberühmte Ginsu Deluxe kaufen, erhalten Sie außerdem dies und das, und wenn Sie innerhalb der nächsten acht Minuten bestellen, erhalten Sie diesen einzigartigen Zusatzartikel gratis dazu!" Die Vermarkter der Marke Ginsu haben mit dieser Mehrwertstrategie Millionen von Paketen verkauft.

Schauen Sie sich heute eine beliebige Werbesendung im Fernsehen an, und Sie werden feststellen, dass immer wieder dieselben Mehrwertangebote gemacht werden. Und warum? Weil sie außergewöhnlich gut funktionieren.

Buch- und CD-Clubs nutzen das Konzept des Mehrwerts, um sich einen Teil dieses wertvollen Marktes zu sichern. Wie können sie Menschen anziehen, die es gewohnt sind, Bücher und CDs im örtlichen Einkaufszentrum zu kaufen? Indem sie im Vorfeld einen außergewöhnlichen Wert bieten. "5 Bücher für 5 Dollar" oder "Wählen Sie 3 beliebige CDs GRATIS zu Ihrer ersten Bestellung" sind Beispiele für Angebote mit Mehrwert, die vor allem Erstkunden ansprechen sollen.

Fast jedes Unternehmen kann mit einfachen Informationsprodukten einen Mehrwert bieten. Erstellen Sie Produkte mit Mehrwert und "Insider-Informationen", die Ihren Kunden zugute kommen. Es kann darum gehen, wie sie mehr aus ihrem neuen Gerät herausholen können, wie sie es warten können, damit es länger hält und jahrelang zuverlässig funktioniert, oder wie sie ihr neues Gerät auf 37 verschiedene Arten im Haus oder im Büro einsetzen können.

Eine andere Möglichkeit besteht darin, den Käufern die Informationen zur Verfügung zu stellen, die sie wahrscheinlich als wertvoll empfinden werden. Ein Erdbeerhof könnte zum Beispiel ein oder zwei fantastische Rezepte für Erdbeerkuchen, -kuchen oder

-torten anbieten. Es ist nicht schwer, den Eindruck eines Mehrwerts zu erwecken. Dies ist ein einfaches, erschwingliches und angemessenes Beispiel für einen Mehrwert.

Die Bereitstellung von Mehrwert schafft eine Situation, in der alle Parteien mit dem Erwerb zufrieden sind. Ihre Kunden erhalten mehr Wert für ihr Geld und freuen sich, wenn sie ihre positiven Erfahrungen mit anderen teilen können. Der Zusatznutzen erhöht das Empfehlungsgeschäft. Wenn sich die einzigartigen Vorteile, die Ihr Unternehmen bietet, herumsprechen, erhalten Sie einen größeren Kundenstamm.

Wie können Sie den wahrgenommenen Wert Ihres derzeitigen Angebots verbessern? Mit ein wenig Einfallsreichtum können Sie Ihr Angebot deutlich attraktiver gestalten, und ein verlockendes Angebot zieht viel mehr interessierte Kunden an.

KAPITEL 8: WIE MAN DEN KUNDENWERT IM LAUFE DER ZEIT VERFOLGT.

Der heilige Gral des Online-Marketings ist die Verfolgung des lebenslangen Kundenwerts und die Bewertung des ROI jedes Ihrer Marketinginstrumente. Leider mangelt es vielen Online-Vermarktern an der nötigen Umsetzungskompetenz, um dieses Ziel zu erreichen. Diese Vermarkter haben zwar das Ziel, den lebenslangen Kundenwert zu ermitteln, verwenden aber so viele Abkürzungen, dass ihre Schlussfolgerungen zweifelhaft sind.

Die Ermittlung des Lifetime Customer Value ist schwieriger, als es auf den ersten Blick scheint, da sich Vermarkter bei der Kundenverfolgung auf zwei unterschiedliche Systeme verlassen, die in der Regel nicht miteinander kommunizieren. Das erste

Tracking-System ist ein Webanalysepaket, von denen Google Analytics das bekannteste ist.

Das zweite Tracking-System ist das Transaktionssystem (z. B. eine E-Commerce-Datenbank), das Kunden und Bestellungen aufzeichnet. Obwohl das Online-Analysepaket Informationen darüber enthält, woher die Kunden stammen, wird der Customer Lifetime Value in der Regel im Transaktionssystem gespeichert, was ein Hindernis darstellt.

Da die Vermarkter nicht wissen, wie sie ihre Analysesoftware mit ihrem Transaktionssystem verbinden können, greifen sie zu Abkürzungen. Die häufigste Abkürzung besteht darin, einen durchschnittlichen Lifetime-Kundenwert aus dem Transaktionssystem zu ermitteln und davon auszugehen, dass dieser Wert für alle Kundenkategorien gilt.

Diese wichtige Annahme ist oft nicht haltbar, wenn man den echten Customer Lifetime Value nach Segmenten abrufen kann. Die Realität ist, dass bestimmte Bereiche deutlich mehr ausgeben als andere. Deshalb müssen Sie tiefer blicken.

Gelegentlich schätzen Vermarkter den Kundenwert auf der Grundlage der Informationen in Ad Words oder Google Analytics (wenn die E-Commerce-Funktionen aktiviert sind). Das Problem bei dieser Strategie ist, dass Ad Words ein 30-Tage-Cookie verwendet, so dass Sie die Ausgaben der Verbraucher nur für die ersten 30 Tage, nachdem ein Nutzer auf eine Anzeige geklickt hat, verfolgen können. Diese Zeitspanne reicht nicht aus, um den Lebenszeitwert zu messen.

Es gibt zwei grundsätzliche Methoden, um den Lifetime Customer Value effektiv zu verfolgen: Übertragen Sie die Quelldaten der Kunden in Ihr Transaktionssystem oder extrahieren Sie genügend Informationen aus Ihrem Analysepaket, um sie mit Ihrem Transaktionssystem abzugleichen. Im ersten Fall kennzeichnen Sie jede gesponserte Werbekampagne mit anderen Daten, die die Herkunft eines Kunden definieren.

Nehmen wir zum Beispiel an, wir schalten Werbung für Ihre Website. Anstatt bei der Konfiguration der Anzeigen "http://YourURLHere.com/" für die Landing Page einzugeben, verwenden wir "http://YourURLHere.com/?source=123", wobei 123 für die Werbekampagne steht.

Das Transaktionssystem muss dann "?source=123" erfassen und diese Daten mit dem richtigen Kunden verknüpfen. Mit anderen Worten: Wenn ein Kunde auf die Anzeige klickt, speichern Sie "123" in Ihrer Datenbankspalte für diesen Kunden.

Wenn Sie Ihr Transaktionssystem erstellt haben, ist diese Änderung auf den meisten Plattformen nicht schwierig. Je nach der Flexibilität Ihres Transaktions-/E-Commerce-Systems kann diese Strategie anwendbar sein oder nicht.

Abgesehen von den Herausforderungen der Integration hat diese Strategie weitere Vor- und Nachteile. Wenn dieses System erst einmal in Betrieb ist, ist es relativ einfach, Berichte zu erstellen, in denen die Gesamteinnahmen nach Kampagnen und die von den Kunden zu welchem Zeitpunkt gekauften Produkte aufgeführt sind. Das liegt daran, dass sich alle Segmentierungs- und Umsatzdaten an einem einzigen Ort befinden: in Ihren Transaktionssystemen.

Die Kosten für Ihre Kampagnen sind jedoch nicht in den Transaktionssystemen enthalten, so dass Sie sie noch abgleichen müssen. Dies ist jedoch in der Regel eine unkomplizierte Aufgabe, die manuell durchgeführt werden kann, wenn Sie nicht viele Kampagnen haben.

Diese Strategie funktioniert bei gesponserten Werbekampagnen und anderen Strategien, bei denen Sie die URL kontrollieren können (um die Information "?source=123" anzuhängen). In bestimmten Fällen, z. B. bei der kostenlosen Suche, können Sie die URL nicht kontrollieren.

Folglich können Sie mit dieser Methode nicht den ROI für alle Quellen berechnen. Obwohl wir uns in erster Linie für den ROI von bezahlten

Werbekampagnen interessieren, ist es immer von Vorteil, den ROI von SEO-Maßnahmen und anderen Marketingprojekten zu kennen.

Die zweite Methode zur Verfolgung des Lifetime Customer Value besteht darin, genügend Daten aus dem Webanalysesystem zu sammeln, um festzustellen, woher die Kunden stammen. Wenn Sie Google Analytics verwenden, müssen Sie die E-Commerce-Funktionen aktivieren.

Nach Abschluss dieser Schritte können Sie in Google Analytics Berichte erstellen, die Transaktions-IDs nach Kundenquelle anzeigen. Sie können zum Beispiel den Bereich E-Commerce und den Bericht Transaktionen in Google Analytics auswählen. Sie können dann ein Segment auswählen oder die sekundäre Dimension verwenden, um die Ergebnisse zu filtern.

Sie haben nun eine Liste von Transaktionen, die nach ihrer Quelle geordnet sind. Diese Informationen können aus Google exportiert und in eine Berichtsdatenbank für Ihr Transaktionssystem importiert werden, wo Sie die nachfolgenden Käufe der Kunden aus jeder Quelle einsehen können.

Mit anderen Worten: Google Analytics informiert Sie darüber, dass die Bestellung 1001 von einem Kunden aufgegeben wurde, der über eine bestimmte Kampagne kam. Sie können nun auf Ihr Transaktionssystem zugreifen und feststellen, dass dieser Kunde anschließend die Bestellungen 1010 und 1011 aufgegeben hat.

Um Daten aus Google Analytics zu exportieren, ist es ratsam, ein automatisiertes Programm zu verwenden. Excellent Analytics ist ein Excel-Add-In, das die Google Analytics API nutzt, um Daten aus Google Analytics abzurufen. Diese Strategie erfordert einen gewissen Aufwand bei der Einrichtung, ist aber von großem Nutzen, wenn Sie sie anwenden.

Diese zweite Methode lässt sich auf fast alle Kundenquellen anwenden, was einer ihrer vielen Vorteile ist. Möchten Sie wissen, wie viel Geld Kunden für die organische Suche ausgeben?

Mit dieser Methode gibt es keine Probleme. Sie können die Daten so detailliert aufbereiten, wie Sie es wünschen.

So können Sie beispielsweise den Lebenszeitwert von Nutzern ermitteln, die über die organische Suche zu einem bestimmten Suchbegriff gelangt sind. Bei der Aufteilung der Daten zum Kundenwert sind Ihnen keine Grenzen gesetzt.

Der folgende Teil der Nutzungsbedingungen für Google Analytics ist zu beachten:

Sie werden den Dienst nicht dazu verwenden (und es Dritten nicht gestatten), persönlich identifizierbare Informationen von Internetnutzern zu verfolgen oder zu sammeln. Sie werden auch keine Daten, die von Ihrer Website (oder der Website eines Dritten) gesammelt wurden, mit personenbezogenen Daten aus irgendeiner Quelle als Teil Ihrer Nutzung (oder der Nutzung durch einen Dritten) des Dienstes in Verbindung bringen (und werden dies auch keinem Dritten erlauben).

Ich gebe nicht vor, Jurist zu sein, aber es ist möglich, diese Bedingungen als Verstoß gegen die Nutzungsbedingungen von Google auszulegen. Auf der anderen Seite könnte man argumentieren, dass Google gegen seine Nutzungsbedingungen verstößt, indem es die Transaktions-ID in seiner Benutzeroberfläche prominent anzeigt, bei der es sich um personenbezogene Daten handelt.

Wenn Sie sich über die Bedingungen von Google Sorgen machen, können Sie jederzeit ein anderes Webanalysetool verwenden. Wenn Sie außerdem die Daten nach Kundensegmenten und nicht nach einzelnen Kunden zusammenfassen, verstoßen Sie wahrscheinlich nicht gegen die Absicht dieses Abschnitts. Sie müssen die Entscheidung treffen.

Kunden besuchen oft viele Quellen, bevor sie einen Kauf abschließen. Bevor sie einen Kauf abschließen, klicken sie möglicherweise auf viele bezahlte Maßnahmen, eine E-Mail-Kampagne und einen organischen Link. Unabhängig von Ihrer Strategie müssen Sie bedenken, dass die Kunden auf

Ihrer Website keinen geraden Weg von einer Quelle zur anderen nehmen.

Welches Unternehmen erhält die Gutschrift für den Kunden? Sie müssen festlegen, welche Vorschriften gelten. Viele Unternehmen, mit denen ich zu tun hatte, betrachten die erste Quelle als "Eigentümer" des Kunden. Dennoch weisen sie das Konto einer anderen Quelle zu, wenn der Kunde über einen längeren Zeitraum inaktiv ist (z. B. sechs oder mehr Monate lang keine Käufe).

Wenn Sie diese Methoden zur Verfolgung des Customer Lifetime Value anwenden, werden Sie feststellen, dass sich Ihre Entscheidungsfindung erheblich verbessert. Sie können nun die Wirksamkeit Ihrer Marketingmaßnahmen sehr detailliert messen.

KAPITEL 9: EINZIGARTIGE VERKAUFSARGUMENTE FÜR IHR UNTERNEHMEN IN SCHWIERIGEN ZEITEN.

Eine Rezession muss nicht zwangsläufig zu Problemen für Ihr Unternehmen führen. Auch in florierenden Märkten gibt es für jedes Unternehmen Höhen und Tiefen.

Sind Sie und Ihr Unternehmen ausreichend vorbereitet und gerüstet, um die Anforderungen einer schwachen oder schwierigen Wirtschaft zu bewältigen?

Viele Geschäftsinhaber fürchten den wirtschaftlichen Abschwung und das Risiko, Kunden, Mitarbeiter oder Gewinne zu verlieren. Sie glauben, dass bei einer Konjunkturabschwächung die Kunden und Auftraggeber ihre Projekte zurückschrauben, ihre Ausgaben einstellen und möglicherweise sogar nach billigeren Angeboten der Konkurrenz suchen würden.

Das stimmt zwar, aber nur in begrenztem Umfang. Sicherlich können eine nachlassende Konjunktur und eine ungünstige Verbraucherstimmung eine Herausforderung für Ihr Unternehmen darstellen, aber auch die Möglichkeit bieten, neue Kunden zu gewinnen und Ihren Umsatz zu steigern, indem Sie Techniken anwenden, die in einem rückläufigen Markt am besten funktionieren und in Zeiten der Marktexpansion fantastisch sind.

Je nach Branche können Sie verschiedene Techniken anwenden, um Ihren Umsatz zu erhalten und zu steigern, während Ihre Konkurrenten ums Überleben kämpfen.

Die folgenden USPs (Unique Selling Propositions) setzen quantifizierbare Ziele und identifizieren kritische strategische Maßnahmen, die Ihnen helfen, Ihr Unternehmen effektiv durch unvorhersehbare wirtschaftliche Zeiten zu navigieren, während andere ums Überleben kämpfen:

1. Nutzen Sie die Ruhephase, um die Grundlagen Ihres Unternehmens zu verbessern.

Nach einem langen Betrieb muss Ihr Unternehmen seine Knoten und Schrauben festziehen und seine beweglichen Teile schmieren, damit sie nicht mehr quietschen. Beginnen Sie an der Spitze, indem Sie die Werte, die Vision und den Auftrag Ihres Unternehmens überprüfen und bekräftigen. Sorgen Sie dafür, dass Ihre Mitarbeiter die Werte des Unternehmens hochhalten, indem sie ein klares Bewusstsein für die geschäftlichen Belange zeigen und ihren Beitrag leisten.

Stimmen Sie die Ziele und Werte Ihres Unternehmens mit den Anreizen und Belohnungen für Ihre Mitarbeiter ab. Verteilen Sie die Informationen innerhalb des Unternehmens, damit Ihre Mitarbeiter Eigeninitiative zeigen können. Beziehen Sie Ihre Mitarbeiter in die Problemlösung ein und bitten Sie sie um Vorschläge zur Steigerung der Rentabilität, Verbesserung der Effizienz und Senkung der Kosten.

2: Die Konkurrenten ausstechen.

Halten Sie einen Moment inne und stellen Sie sich folgende Frage: Wenn das, was ich verkaufe oder anbiete, im Wesentlichen das Gleiche ist wie das meiner Konkurrenten, was brauche ich dann, um anders und in verschiedener Hinsicht überlegen zu sein, einschließlich Kundenservice, Marketing, Werbung und Verkauf?

Über Kreativität und Innovation hinaus liegt die Lösung dieser Frage darin, dass sich Ihr Unternehmen durch "Thinking Leadership" und inspirierenden Einfallsreichtum positiv von der Konkurrenz abhebt, was Ihnen und Ihrem Unternehmen in schwierigen Zeiten zur zweiten Natur werden muss.

Ihr ultimatives Ziel ist es, sich in den Köpfen Ihrer Kunden voll und ganz zu verankern, indem Sie innovative Verkaufs- und Marketingtechniken einsetzen, um einzigartige Alleinstellungsmerkmale (USPs) zu schaffen, die es nur bei Ihrem Unternehmen und in der Branche gibt. Mit anderen Worten: Ihr Unternehmen muss sich positiv von seinen Mitbewerbern abheben oder untergehen.

3: Alte Leads reaktivieren.

Mit minimalem Aufwand ist es möglich, alte Leads in produktive Unternehmen umzuwandeln. Viele Leads, die Sie in der Vergangenheit aufgegeben haben, können wiederbelebt und umgewandelt werden, wenn Sie hartnäckig bleiben.

Eine Studie der Harvard School of Business aus dem Jahr 2007 hat ergeben, dass die meisten Vertriebsmitarbeiter, unabhängig von der Branche, zu früh aufgeben. 75 Prozent der Verkäufe an Unternehmen oder Kunden werden beim fünften Verkaufsgespräch getätigt, und 25 Prozent der Verkäufer führen mehr als drei Verkaufsgespräche!

4. Bieten Sie Ihren Kunden ein überdurchschnittliches Serviceniveau.

In schwierigen Zeiten an Ihren bestehenden Kunden festzuhalten, ist wie Feuer in der Hand zu halten; es ist daher für das Überleben und die Langlebigkeit Ihres Unternehmens unerlässlich.

Die Aufrechterhaltung einer Kultur der hervorragenden Vertriebs- und Serviceleistungen, indem Sie einen Schritt weiter gehen, Ihre Kunden zufrieden stellen und ihnen mehr Wert für ihr Geld bieten, ist eine todsichere Methode, um die Dynamik Ihres Unternehmens zu erhalten. Jetzt ist die Gelegenheit, die andere Meile zu gehen, die den Unterschied zwischen der bloßen Zufriedenheit Ihrer Kunden und deren Verblüffung ausmachen kann.

5. Planen und Ausführen eines kühnen neuen Marketingplans.

Damit es gar nicht erst zu einer Pause in Ihrem Geschäft kommt, müssen Sie das ganze Jahr über und jede Woche über eine kontinuierliche und aktive Vermarktung verfügen. Nicht nur, wenn Sie Aufträge brauchen. Ein kontinuierlicher Marketingplan sorgt für einen stetigen Fluss neuer Geschäftskontakte. Marketing, das heute durchgeführt wird, initiiert einen Verkaufszyklus, der zu neuen Geschäften führt, wenn Sie sie in sechs Monaten brauchen.

6. Verbessern Sie den Wert Ihrer aktuellen Produkte oder Dienstleistungen.

In einer Rezession sind die Käufer preisbewusster als je zuvor. Gehen Sie daher auf ihre Sorgen ein, indem Sie ihnen den größten Wert für ihr Geld bieten. Es besteht keine Notwendigkeit, den Laden zu "verschenken" oder ein übermäßiges Maß an Service zu bieten.

Ihre Kunden werden einen geringen Mehraufwand an Aufwand oder Service als einen erheblichen Mehrwert empfinden. Nutzen Sie Technologie und soziale Medien, um die Geschäftsexpansion zu fördern und gleichzeitig den Kundenservice, die Kommunikation und die Nachbereitung zu verbessern.

7: Seien Sie optimistisch und enthusiastisch.

In Zeiten schwacher Konjunktur müssen Sie optimistisch bleiben und dürfen nicht verzagt sein. Menschen und Verbraucher können Ihre Depression spüren, wenn Sie niedergeschlagen sind, was sich negativ auf Ihr internes und externes Geschäft auswirken kann.

Verlieren Sie nicht die Hoffnung, sondern freuen Sie sich, glauben Sie an Ihre Mitarbeiter, Ihre Produkte und Ihre Dienstleistungen, und übertragen Sie diesen Geist der Leidenschaft und des Glaubens auf Ihre Mitarbeiter und Kunden. Denken Sie daran, dass Sie nicht allein sind, denn bei einem Marktabschwung befinden sich alle unter demselben Dach und machen die gleichen Erfahrungen wie Sie.

Nehmen Sie die Unterstützung eines professionellen Coaches und Mentors in Anspruch, der Ihnen helfen kann, Ihre Stärken und Schwächen zu erkennen, Ihre innere Motivation herauszufinden und Ihre Bemühungen auf das große Ganze auszurichten.

8: Verzicht auf geplante Preiserhöhungen.

Auch wenn Sie der Meinung sind, dass eine Preiserhöhung längst überfällig ist und Sie sie verdient haben, ist ein Geschäftsrückgang nicht der ideale Zeitpunkt für eine solche Erhöhung. Passen Sie Ihre Preise während dieser vorübergehenden Flaute an, um eine größere Anzahl von Kunden anzusprechen.

9. Kontrolle negativer und unfähiger Personen in Ihrer Organisation.

Negative Menschen können Ihren Erfolg selbst unter den besten Umständen beeinträchtigen. Das Letzte, was Sie in einer schwierigen Situation brauchen, ist ein negativer oder ineffektiver Mitarbeiter, der Ihre Werte und Ihre Unternehmenskultur nicht teilt.

Da ein einziger unfähiger oder negativer Mitarbeiter ausreicht, um ein ganzes Team zu bremsen, müssen Sie diese Situationen mit Selbstvertrauen und Schnelligkeit meistern und jeden entlassen, der sich nicht in die Unternehmenskultur einfügt.

Zusammenfassend lässt sich sagen, dass es in jedem Konjunkturzyklus und in der Karriere eines jeden Unternehmers Phasen gibt, die außergewöhnliche Maßnahmen erfordern, die der jeweiligen Herausforderung angemessen sind. Unternehmer neigen jedoch dazu, unter dem Stress schwieriger Zeiten den Blick für das große Ganze zu verlieren.

Sorgen Sie dafür, dass Sie und Ihr Team das richtige Coaching erhalten, um sich auf die Grundlagen zu konzentrieren und Ihr Team auf die nächste Stufe zu heben, auf der jeder die Grundlagen und das Wesentliche beherrscht.

Behalten Sie das Gesamtbild im Auge, während Sie die besten Taktiken, Programme und Dienstleistungen entwickeln, um Ihre Einnahmen zu steigern, Ihr Unternehmen für einen anhaltenden Erfolg zu positionieren und, was am wichtigsten ist,

Ihr Unternehmen wirklich von seinen Mitbewerbern auf dem Markt zu unterscheiden.

KAPITEL 10: WIE SIE DIE WAHRNEHMUNG IHRES WERTES DURCH IHRE KUNDEN STEIGERN KÖNNEN.

Im Kopf des Kunden gibt es eine mathematische Gleichung, die nur er kennt: die Gleichung der wahrgenommenen Vorteile und der wahrgenommenen Kosten. Die Lösung dieser Rechnung wird dann mit anderen "ähnlichen" Käufen oder potenziellen Käufen verglichen, um einen Wert zu ermitteln. Denken Sie daran, dass dies alles im Kopf des Kunden stattfindet.

Um diese Idee in der Praxis zu beobachten, denken Sie an Ihren letzten größeren Einkauf.

Wie haben Sie sich für dieses spezielle Produkt entschieden?

Haben Sie Nachforschungen angestellt?

Hatte der Händler oder Verkäufer nur eine Marke oder ein Modell im Angebot, und Sie haben sich aus einem Gefühl der Dringlichkeit heraus für dieses entschieden"?

Oder sind Sie ein unnachgiebiger Logiker, der keine Kompromisse eingeht, bis Sie das bestmögliche Angebot erhalten haben?

Auch wenn diese Fragen nur an der Oberfläche kratzen, zeigen sie doch, dass unsere Kaufentscheidungen von vielen sich überschneidenden und miteinander verflochtenen Funktionen in uns selbst beeinflusst werden, aber letztlich von unserer Wertvorstellung abhängen. Wenn wir ein Schnäppchen sehen, werden wir es kaufen. Selbst wenn wir den Artikel wünschen oder brauchen, werden wir ihn nicht kaufen, wenn wir glauben, dass er keinen fairen Wert hat und kein Gefühl der Dringlichkeit besteht.

Leider ist der Wert Ihres Unternehmens nicht das, was Sie für ihn halten, sondern das, was Ihre Kunden für ihn halten.

Wenn dies der Fall ist, welche Schritte müssen Sie unternehmen, um sicherzustellen, dass Sie in den Augen Ihrer Kunden einen Mehrwert schaffen? Das kann so einfach sein wie die Bereitstellung weiterer Informationen oder so komplex wie die Ausweitung Ihrer Geschäftszeiten. Was auch immer die optimale Antwort sein mag, sie wird aus dem Kundenfeedback hervorgehen. Verlassen Sie sich nicht ausschließlich auf demografische Daten und Marktforschung.

Auch wenn dies wichtige Teile des Gesamtbildes sind, ist es der einfachste Weg, sich nur auf diese Informationen zu verlassen. Hören Sie sich die Beschwerden Ihrer Kunden über Umfragen, Nachfassanrufe, Service-Interaktionen und Outreach-Funktionen an, um ihre Anforderungen zu antizipieren und darauf einzugehen, bevor sie zu einem Problem werden.

Wenn es Ihnen gelingt, das Gefühl Ihrer Kunden für den Wert Ihrer Produkte und Dienstleistungen zu stärken, werden sie zufriedener sein und eher bereit, anderen von ihrem "ausgezeichneten Geschäft" zu erzählen.

Alles, was Sie für Ihre Kunden tun, sollte mit einem inhärenten Wert verbunden sein. Wenn Ihr Produkt nicht das beste seiner Art auf der Welt ist, müssen Sie mit anderen konkurrieren, die ähnliche Waren verkaufen. Vielleicht verschafft sich einer von Ihnen einen Wettbewerbsvorteil, indem er die größte Auswahl an diesen Dingen anbietet.

Ein Konkurrent kann einen kommerziellen Vorteil erlangen, indem er nur auf ausgewählten Märkten anbietet. Andere können vielleicht die Konkurrenz unterbieten, indem sie die niedrigsten Preise anbieten, die möglich sind. Dabei wird jedoch eine Notwendigkeit und ein Wert vernachlässigt: die Aufmerksamkeit des einzelnen Verbrauchers.

Wenn Kunden Interesse an Ihrem Produkt oder Ihrer Dienstleistung zeigen, zeigen sie damit auch Interesse an Ihrem Unternehmen und an Ihnen. Es gibt Momente im Internetmarketing, in denen eine Million Transaktionen stattfinden können, ohne dass eine einzige menschliche Verbindung zustande kommt.

Andererseits können Sie an Tagen, an denen die Technologie selbst defekt ist, Hunderttausende oder Millionen von Anrufen von verwirrten Kunden erhalten. Indem Sie in dieser Phase einen außergewöhnlichen Service bieten, verleihen Sie dem Produkt, an dem die Käufer interessiert sind, einen Wert, den möglicherweise niemand sonst bietet.

Wie oft waren Sie gezwungen, zwischen vergleichbaren Produkten mit gleichem Preis zu wählen?

Was war der ausschlaggebende Faktor?

Das menschliche Element kann der entscheidende Faktor sein, auch wenn es ein paar Euro mehr kostet. Denken Sie daran, dass die meisten

Menschen bereit sind, etwas mehr zu zahlen, um individuell behandelt zu werden.

Das Schaffen einer Nachfrage bei den Verbrauchern ist der springende Punkt beim Verkaufen. Sie müssen dafür sorgen, dass sie Ihre Produkte und Dienstleistungen nachfragen. Sie müssen sie dazu bringen, immer wieder zu Ihnen zurückzukehren. Auf den unglaublich wettbewerbsintensiven Märkten von heute reicht es nicht aus, ein hervorragendes Produkt zu einem vernünftigen Preis anzubieten. Der Vorteil liegt in der traditionellen persönlichen Note, selbst in der globalen, digitalen Umgebung von heute.

Sobald Sie einen zwingenden Bedarf für die Artikel geschaffen haben, beginnen Sie damit, Ihren Kunden einen Mehrwert zu bieten, indem Sie sie mit etwas mehr Sorgfalt behandeln - was kostet es Sie, einem Anrufer "Guten Morgen" zu sagen, selbst wenn Sie wissen, dass der Anrufer sich beschweren wird?

Es ist völlig kostenlos, aber was bringt es im Gegenzug? Vielleicht hat ein Kunde, der angerufen hat, um sich über ein kleines Problem zu beschweren, seine Beschwerde gelöst, die Ware in der Hand und einen Preisnachlass erhalten und bleibt Ihnen treu.

Mit wenig mehr als ein wenig Zeit, einer freundlichen Begrüßung und einem Preisnachlass auf ein Produkt haben Sie einen Verkauf gerettet und einen weiteren Verkauf fast garantiert. (Ihr Marketingbudget sollte so anpassungsfähig sein, dass Sie diese Käufe trotzdem abwickeln können.) Im Grunde genommen haben Sie nichts ausgegeben.

Vor allem, wenn alle Marketing-, Verkaufs- und sonstigen Transaktionen online abgewickelt werden, fehlt manchmal das persönliche Element im Geschäftsleben. Selbst eine E-Mail, in der Sie sich bei einem Kunden für eine vergangene Transaktion bedanken und ihn zu einer zukünftigen Verkaufsveranstaltung einladen, ist mehr als nur eine gute Idee; sie ist ein Muss.

KAPITEL 11: WERBUNG MIT "NIEDRIGEM PREIS", ABER "WERT" IST FÜR DEN ERFOLG ENTSCHEIDEND.

Ein niedriger Preis erhöht zwar in der Regel das Verkaufsvolumen, aber wenn Sie nicht gleichzeitig die Stückkosten senken können, verlieren Sie Gewinn, und (die Trompeten) die Kunden, die Sie durch einen niedrigen Preis anlocken, werden oft abwandern, wenn ein Wettbewerber einen noch niedrigeren Preis anbietet. Wenn Sie Ihre derzeitigen Kunden halten wollen, können Sie mit "Mehrwert" werben.

Tatsächlich erzielen Artikel oder Dienstleistungen mit Mehrwert oft einen höheren Preis, den die Käufer zu zahlen bereit sind, als solche mit dem niedrigsten Preis. Lassen Sie sich von den folgenden Beispielen inspirieren, um die Wertgleichung Ihres Unternehmens zu verbessern.

Erhöhen Sie den Wert mit einem "kostenlosen Extraservice": Das Fahrzeug war in der Werkstatt, um kleinere Reparaturen durchzuführen. Als der Kunde das Fahrzeug abholte, stellte er erfreut fest, dass die Teppiche kostenlos gesaugt worden waren.

Am Lenkrad war eine Visitenkarte angebracht, auf der stand: "Wir saugen den Innenraum immer als Teil unseres Mehrwertdienstes." Durch das Staubsaugen der Teppiche zauberte die Werkstatt dem Kunden ein Lächeln ins Gesicht, und das fast ohne weitere Kosten.

Mehrwert durch Schnelligkeit: Änderung der Kleidung am selben Tag, Versand am selben Tag, Kreditanträge in fünf Minuten und Brillen innerhalb einer Stunde. Rufen Sie an, wenn Sie abfahrbereit sind, und Ihre Bestellung wird bei Ihrer Ankunft auf Sie warten.

Ihr Ofen ist gerade repariert worden, und der Anbieter bietet Ihnen einen Mehrwert, indem er anruft, um zu bestätigen, dass die Arbeit korrekt ausgeführt wurde.

Verbessern Sie den Wert durch Kommunikation: Versenden Sie "Hilfreiche Tipps" zur Produktverwendung; entwerfen Sie einen Newsletter; bedanken Sie sich bei Kunden zu Produktjubiläen (Wow! Ihr Kühlschrank ist zehn Jahre alt! Der Blumenladen erinnert Sie an den Geburtstag Ihrer Mutter, warum sollten Sie also woanders hingehen?

Schaffen Sie Mehrwert durch Ambiente: Frische Blumen im Empfangsbereich; makellose Toiletten; passende Musik; kreative und ansprechende Verpackungen usw. Ein Minzbonbon wurde nach dem Essen anmutig überreicht (und nicht in eine "Grabbelschüssel" geworfen).

Mehrwert durch zusätzliche Informationen - Der Kunde hat ein Gerät gekauft, und Sie schicken ihm über Jahre hinweg einmal im Monat eine E-Mail mit Tipps, anderen Anwendungen oder innovativen

Möglichkeiten, wie er seine Investition genießen kann (es ist in Ordnung, Tipps zu wiederholen, aber nicht zu oft).

Die Liste der wertschöpfenden Strategien ist unendlich lang. Diese Woche fordere ich Sie und Ihr Team auf, eine Liste mit zehn möglichen Strategien zu erstellen, die effektivste auszuwählen und sie umzusetzen.

Die einfachste und faulste Werbemethode ist es, die Preise zu senken. Es ist weitaus besser, die Menschen mit mehr Wert zu überzeugen; sie werden gerne bei Ihnen kaufen, wenn sie das Gefühl haben, dass sie mehr für ihr Geld bekommen.

Mit dieser Methode können Sie sofortige Kundenzufriedenheit schaffen und den Wert Ihres Produkts erheblich steigern.

Als Internet-Vermarkter haben Sie zuvor den Marktsektor und die Marktnachfrage ermittelt. Sie haben ein Produkt oder eine Dienstleistung, für die

Sie einen Preis festgelegt haben. Sie sind bereit, es zu verkaufen.

Aber warten Sie...! Sie möchten den Wert Ihres Produkts oder Ihrer Dienstleistung um ein Vielfaches steigern, aber Sie möchten nicht, dass Ihr Interessent beim Kauf den Druck spürt, denn obwohl der Wert Ihres Produkts oder Ihrer Dienstleistung um ein Vielfaches gesteigert werden kann, bleibt die Zahlung dafür gleich!

Was für eine Anomalie!

Wiederholen Sie die Lesung:

Auch wenn Sie den Wert Ihrer Dienstleistung oder Ihres Produkts um einen beträchtlichen Betrag erhöhen möchten, bleibt der Preis derselbe!

Haben Sie den Unterschied bemerkt?

Ich möchte Ihnen ein Beispiel zeigen.

Die Idee ist, den Wert Ihres Produkts oder Ihrer Dienstleistung in einen "virtuellen Produkt- oder Dienstleistungswert" zu "verwandeln".

Nehmen wir an, ich habe ein beliebtes ebook mit dem Titel "Wie finde ich die perfekte Frau" geschrieben und den Preis für jedes Exemplar auf 98,00 $ festgelegt. Dies ist der Verkaufspreis. Dies ist der Verkaufspreis des Ebooks oder der aktuelle Preis zum Zeitpunkt des Verkaufs.

Wenn ich, anstatt das Ebook für 98,00 $ zu verkaufen, ein Mitgliedschaftssystem entwickle, bei dem der potenzielle Käufer als Mitglied beitreten kann und 200 Kreditpunkte für 98,00 $ erhält, habe ich die Investition des Käufers von 98,00 $ schnell aufgewertet.

Mit den 200 Credit Points (die er für $98 erworben hat) kann er das beliebte ebook kaufen und hat dann noch 102 Credit Points übrig, um weitere Produkte oder Dienstleistungen von Ihnen zu kaufen.

Beobachten Sie, was unmittelbar geschieht:

Im Austausch für 98 $ hat der potenzielle Kunde einen größeren Wert in Form von Kreditpunkten erhalten.

Er erhält sein heißes Ebook und zusätzliches Guthaben, das er für andere Backend-Käufe verwenden kann, und zahlt dieselben 98,00 $.

Durch diese einfache Aktion stellen Sie den Kunden zufrieden und schaffen die Voraussetzungen für zukünftige Backend-Käufe.

Überlegen Sie einen Moment, wo dieser Begriff sonst noch angewendet werden kann.

Kann es in Ihre bestehenden Web-Marketing-Kampagnen integriert werden? Dieser Gedanke findet im Offline- und Online-Marketing und in der realen, nicht-virtuellen Welt grenzenlose Anwendung.

Wenn es jedoch auf Ihre Online-Marketingaktivitäten angewandt wird, bietet es die Flexibilität, den Wert Ihrer Produkte und

Dienstleistungen zu verbessern, ohne dass Ihnen zusätzliche Kosten entstehen. Es steigert die Einnahmen und sorgt für sofortige Kundenzufriedenheit. Hat dieses Konzept derzeit einen Platz in Ihrer Online-Marketing-Strategie?

KAPITEL 12: WIE EINE WEBSITE DEN WERT EINES UNTERNEHMENS STEIGERN KANN.

Aufgrund der Kosten für die Gestaltung einer Website mag ein kleines Unternehmen seiner Online-Präsenz wenig Bedeutung beimessen. Schließlich gibt es viele Ausgaben, die wichtiger zu sein scheinen.

Zu den Prioritäten gehören Inventar, Ausrüstung, Briefpapier und Werbung, aber ohne eine Website entgeht dem Unternehmen ein steigender Prozentsatz von Kunden, die online nach Produkten und Dienstleistungen suchen.

Es gibt viele Möglichkeiten, neue Kunden zu gewinnen, z. B. gedruckte Telefonbücher, Verteilung von Handzetteln, Anzeigen in Zeitungen und Zeitschriften, Empfehlungen von bestehenden

Kunden, Verteilung von Visitenkarten, Internetrecherchen und Online-Werbung.

Eine Website kann einem kleinen Unternehmen dabei helfen, neue Kunden zu gewinnen und seine Umsätze zu steigern. Da die Zahl der Haushalte mit Internetzugang steigt, sinkt die Nachfrage nach gedruckten Branchenverzeichnissen. Menschen aller Altersgruppen führen heute Online-Suchen durch, wenn sie einen Artikel kaufen oder einen Handwerker einstellen wollen.

Vor dem Kauf recherchieren viele Computernutzer gerne im Internet. Eine Website kann wesentlich mehr Informationen enthalten, als eine kurze gedruckte Anzeige vermitteln kann. Die Website eines Unternehmens kann Produktinformationen, Preise, technische Spezifikationen, Lagerverfügbarkeit, Liefermöglichkeiten und Kundenrezensionen enthalten.

Zusätzlich zu den Produkt- und Serviceinformationen können andere Website-

Elemente Besucher dazu verleiten, mit einem Unternehmen Kontakt aufzunehmen. Ein Kundenkontaktformular ermöglicht es jedem, seine E-Mail-Adresse, Telefonnummer und Anfragedaten sieben Tage die Woche und 24 Stunden am Tag einzugeben. Dies ist von großem Nutzen für vielbeschäftigte Menschen, die vielleicht spät nachts online sind, wenn telefonische Anfragen nicht möglich sind. Eine Anfahrtsskizze hilft den Kunden, den Standort des Unternehmens zu finden.

Beschilderung für Fahrzeuge, Visitenkarten, gedrucktes Briefpapier und Zeitungsanzeigen. Aufgrund des zusätzlichen Nutzens einer Website kann die URL auf allen Werbematerialien angegeben werden. Dies ermutigt potenzielle Kunden, die Website zu besuchen, eine Online-Bestellung aufzugeben oder sich ausreichend zu informieren, um sich zu erkundigen.

Nachdem ein Unternehmen entschieden hat, dass eine Website ein gutes Konzept ist, sollte es prüfen, ob es über das Fachwissen, die Fähigkeiten und die Zeit verfügt, seine Webseiten zu erstellen.

Falls nicht, sollten sie sich an einen Webdesigner wenden und ihm folgende Fragen stellen:

- Existiert der gewünschte Domänenname?

- Wie hoch sind Ihre Preise? Möglicherweise gibt es einen Festpreis pro Seite, jährliche Gebühren für die Domainregistrierung und monatliche Hosting- und Verwaltungsgebühren.

- Werden die Webseiten für Suchmaschinen optimiert, und wenn ja, fallen weitere Kosten an?

- Welche Möglichkeiten gibt es, die Webseiten zu aktualisieren?

- Wie viele E-Mail-Adressen sind enthalten?

- Wird eine Karte des Gebiets mitgeliefert?

- Wird ein Formular für Kundenanfragen enthalten sein?

- Wie viele Fotos sind erlaubt?

Die Überlegung, welche Anforderungen an eine Unternehmenswebsite gestellt werden, hilft beim Vergleich der Preise von Webdesignern und unterstützt ein Unternehmen bei der Maximierung der Vorteile seiner Internetpräsenz.

KAPITEL 13: STRATEGIE UND KUNDENORIENTIERUNG

Der unternehmerische Erfolg muss beim Verbraucher beginnen und enden. Die Kundenrente ist die Differenz zwischen dem, was ein Kunde für ein Produkt bezahlt und dem, was er für das Produkt bezahlen würde, oder der "Wert" des Produkts.

In ihrem Bestreben, ihr Geschäft auszubauen, haben Unternehmen Schwierigkeiten, Kunden davon zu überzeugen, ihre Produkte denen der Konkurrenz vorzuziehen, mehr von einem Produkt zu kaufen, wenn sie es bereits verwenden, und ein neues Produkt auszuprobieren.

Grundsätzlich kaufen Kunden dann, wenn sie glauben, dass der Preis im Verhältnis zum Wert des Produkts angemessen ist. Bei der Unternehmensstrategie geht es vor allem darum,

Werte für das Unternehmen zu schaffen, was ohne die Schaffung von Kundennutzen unmöglich ist.

Die Strategie und ein "ansprechendes" Wertangebot müssen sich um die Bedürfnisse des Kunden drehen. Ein überzeugendes Wertangebot kann wettbewerbsfähiger sein als das, was der Kunde derzeit von einem Konkurrenten erhält, und/oder etwas völlig Neues sein, wo es keine Konkurrenz gibt.

Der effektivste Plan ermöglicht es uns nicht unbedingt, die Konkurrenz zu besiegen. Es könnte auch derjenige sein, der es dem Unternehmen ermöglicht, den direkten Wettbewerb zu vermeiden und dem Verbraucher einen höheren Wert zu bieten.

Eine Strategie zur Schaffung eines überlegenen Werts muss in zwei Schritten erfolgen: Zunächst muss ein überlegenes Wertversprechen formuliert werden, das auf einem gründlichen Verständnis der Verbraucheranforderungen beruht. Der zweite Schritt besteht darin, einen effektiven und effizienten Mechanismus zur Umsetzung des Wertversprechens zu entwickeln.

Eine erfolgreiche Strategie, bei der der Kunde im Mittelpunkt steht, wird formuliert, indem Fragen zu den Wünschen der Verbraucher gestellt werden und versucht wird, die wahren Beweggründe, Ziele und Anforderungen zu ermitteln, die Kunden beim Kauf von Produkten und Dienstleistungen erfüllen wollen. Die besten Produkt-/Dienstleistungsangebote sind die, bei denen der Kunde einen guten Gegenwert für den gezahlten Preis sieht und das Unternehmen seine gewünschte Gewinnspanne erzielen kann.

Die Schaffung von Kundennutzen steht an erster Stelle, gefolgt von einer wettbewerbsfähigen Antwort. Wo immer sich eine Gelegenheit zum Profitieren bietet, werden Wettbewerber auftauchen. Eine erfolgreiche Strategie muss sich nicht nur auf den Verbraucher konzentrieren, sondern auch auf die Aktivitäten des Unternehmens, um potenziellen Wettbewerbsreaktionen zu begegnen, und auf die Marktposition, die es einnehmen wird.

Häufig wird das Thema Strategie als ein integratives Managementsystem dargestellt, das sich auf Budgetierung, Visionserklärungen und Leistungsindikatoren konzentriert. Wenn sich das Unternehmen jedoch nicht auf den Kunden und den Markt konzentriert, werden alle Arbeitsblätter und PowerPoints nicht zum Erfolg führen.

"Value Added" - das kleine Extra, das den Unterschied ausmacht.

Was verkaufen Sie?

Sind Sie der einzige Anbieter dieses Produkts?

Warum sollte ich es bei Ihnen kaufen und nicht bei jemand anderem?

Im Ernst: Warum kaufen die Leute bei Ihnen und nicht bei jemand anderem, der das gleiche Produkt anbietet? Wenn alle anderen Faktoren gleich sind, ist die Antwort der Preis, und wenn man über den Preis konkurriert, kann niemand gewinnen.

Wenn Sie Ihre Preise senken, um mit einem Konkurrenten zu konkurrieren, wird dieser wahrscheinlich das Gleiche tun, und dann sind Sie dran. Es ist ein Teufelskreis, in dem niemand gewinnt, nicht einmal der Verbraucher, denn wenn Sie Ihre Preise senken, um mit einem Konkurrenten zu konkurrieren, müssen Sie wahrscheinlich die Qualität Ihrer Dienstleistung verringern.

Die Lösung des Problems besteht darin, einen "Mehrwertdienst" zu entwickeln, mit dem Sie sich von der Konkurrenz abheben.

Bieten Sie eine Garantie?

Liefern Sie?

Verkaufen Sie Nachbestellungen (in kleineren Mengen) zum gleichen Preis wie die Erstbestellung?

Bieten Sie einen kostenlosen Versand an?

Sind Pommes frites im Preis inbegriffen?

Entschädigen Sie treue Kunden für ihre Treue?

Bieten Sie eine "Stammkundenkarte" an?"

Finden Sie einen Weg, sich von der Konkurrenz abzuheben, und Sie werden reichlich belohnt werden.

Ein Kollege aus der Bodenbelagsbranche nahm seine größten Kunden jährlich mit in den Urlaub. Als er mich ursprünglich über diesen Plan informierte, fragte ich ihn, wie er sich so etwas Extremes leisten könne. Er antwortete, dass seine Kunden "bereit sind, mehr Geld auszugeben, weil sie wissen, dass sie dafür eine Reise bekommen."

Was ist Ihr einzigartiges Verkaufsargument?

Wenn ich online bestelle, berücksichtige ich ständig die Transport-, Versand- und Bearbeitungsgebühren. Einige Firmen verlangen, aus welchen Gründen auch immer, weitere 5 bis 10 Dollar als "Bearbeitungsgebühr". Sie handhaben die Sache anders als ihre Konkurrenten (die nur den Versand berechnen).

Wenn Sie mein Geld (und das von Zehntausenden anderen sparsamen Verbrauchern) "verwalten" wollen, sollten Sie nicht versuchen, mich zu Tode zu kalkulieren. Wenn Sie sich von Ihren Mitbewerbern abheben wollen, ist das Angebot eines kostenlosen Versands ein einfacher Anfang.

Was ist mit Ihren Stammkunden?

Haben Sie irgendwelche besonderen Pläne für sie?

Bieten Sie ihnen einen "Oh, ich würde es vermissen, wenn ich nicht jemand anderen finden könnte, der..."- Grund, um bei Ihnen zu bleiben? Wenn nicht, finden Sie einen.

Verschicken Sie Weihnachtskarten an Ihre Kunden?

Was ist mit Geburtstagskarten?

Nun, das tun alle anderen auch! Verschicken Sie Grußkarten zum Murmeltiertag an Ihre Kunden? Nein? Ich kann Ihnen versichern, dass Sie sich an den Murmeltiertag erinnern würden, wenn Sie eine

Grußkarte erhalten würden, und ist es nicht das, was Sie sich wünschen?

Finden Sie einen Weg, Ihrem Produkt oder Ihrer Dienstleistung einen Mehrwert zu verleihen. So heben Sie sich nicht nur von der Konkurrenz ab, sondern geben den Menschen auch einen Grund, bei Ihnen zu kaufen!

KAPITEL 14: WIE SIE DIE ERFAHRUNG IHRER KUNDEN VERBESSERN KÖNNEN.

Heute ähneln sich die Restaurantketten in vielerlei Hinsicht, angefangen bei den Speisen, die sie anbieten, bis hin zu den Marketingtechniken, mit denen sie mehr Kunden anlocken wollen. Einige legen den Schwerpunkt auf ihr Essen, während andere ihre Marketingstrategien auf einen hervorragenden Kundenservice ausrichten.

Ein grundlegender Kundenservice ist ein Faktor, den viele Lebensmittelunternehmen übersehen. Sie glauben, dass die Kunden wiederkommen und ihren Service übersehen werden, wenn sie eine gute Küche bieten.

Gebildete Kunden, die ihre grundlegenden Rechte kennen und den größten Wert für ihr Geld wollen, übersehen solche einfachen Überlegungen nicht. Diese kleinen Gesten, die einfach als "extra mile" bezeichnet werden, sorgen dafür, dass die Kunden zufrieden und glücklich sind.

Die Aufmerksamkeit des Personals ist ein weiterer Faktor, der die Kunden zum Wiederkommen animiert. Manche Gäste nehmen sich Zeit, um sich für die Speisekarte zu entscheiden, andere bevorzugen es, hilfreiche Empfehlungen zu erhalten, z. B. zu den Spezialitäten des Restaurants, den Dauerbrennern und anderen. Manche Kunden mögen ruhige Aufmerksamkeit, andere wiederum wünschen sich lebhafte und freundliche Zuwendung.

Obwohl es in einem Restaurant üblich ist, dass jemand die Gäste an der Eingangstür begrüßt, wird es sie beeindrucken, wenn man ihnen die Tür öffnet und sie zu einem freien Tisch führt. Ein perfekter Platz im Speisesaal, z. B. mit einem atemberaubenden Blick auf den Sonnenuntergang, gibt ihnen jedoch das Gefühl, etwas Besonderes zu sein.

Wenn Sie während der Wartezeit auf die Hauptmahlzeit kostenlose Vorspeisen anbieten, zeigt dies, dass die Restaurantbesitzer daran interessiert sind, ihre Einnahmen zu maximieren und eine angenehme, für beide Seiten vorteilhafte Beziehung zu ihren Kunden aufzubauen. Ein bescheidener Teller mit Knoblauchstangenbrot oder Mandeln und Ähnlichem schadet dem Geldbeutel des Unternehmers nicht, und das Lächeln auf den Gesichtern der Kinder ist unvergleichlich und unbezahlbar.

Restaurantleiter oder -besitzer gehen gelegentlich auf die Stammgäste ein und sprechen sie mit Namen an, wodurch eine wärmere, persönlichere Beziehung entsteht, die nicht nur auf eine profitable Kunden-Geschäftsbeziehung ausgerichtet ist.

Das Eingehen auf die Bedürfnisse der Kunden ist der entscheidende Faktor, denn sie haben eine Vielzahl von Wünschen, die nur jemand wahrnehmen kann, der ein gutes Auge für die kleinsten Details hat.

Kunden haben unterschiedliche Stimmungen und Haltungen, Vorlieben und Eigenheiten. Ein grundlegendes Verständnis des Kundendienstes und der verschiedenen Kundentypen wird Restaurantbesitzern, Managern und dem gesamten Team helfen, mit ihnen zum richtigen Zeitpunkt effektiv umzugehen.

Wählen Sie nur den besten Restaurantbedarf, denn ein Restaurantbesuch sollte immer ein Fest für die Zunge und die Augen sein. Erstklassige Gastronomiebedarfsartikel und -ausrüstungen sind online sieben Tage die Woche und 24 Stunden am Tag erhältlich, so dass Sie nicht weit fahren müssen, um den Bedarf Ihres Restaurants zu decken.

Wie können Sie Ihren Wert steigern?

1. Seien Sie spezifisch in Bezug auf Ihr Angebot.

Bevor Sie andere Werte einbringen, müssen Sie sich Ihres Wertes und Ihrer natürlichen Talente und Begabungen bewusst sein. Beantworten Sie diese Fragen. "Was erhoffen sich meine idealen Kunden von einer Zusammenarbeit mit mir?" "Wie zeichnen sich meine Persönlichkeit, meine Ziele und meine Fähigkeiten aus?

Wie kann ich meine Stärken wirksam einsetzen, um die von meinen Zielkunden gewünschten Vorteile zu erzielen?

2. Sei hell, wo du bist.

Nutzen Sie Ihre besonderen Fähigkeiten, um den Kunden die gewünschten Belohnungen zu vermitteln. Wenn Sie inspirierend sind, dann seien Sie inspirierend. Wenn Sie spezifisch sind, seien Sie spezifisch und geben Sie ihnen, was sie sich wünschen. Kunden kaufen Sie als Teil eines Pakets, also seien Sie selbstbewusst und authentisch. Sie werden es bewundern.

3. Die Zukunft sehen.

Fragen Sie die Interessenten nach ihren Wünschen. Beteiligen Sie sich an ihrer Vision. Wenn Sie festgestellt haben, dass Sie zu ihnen passen, erklären Sie, warum Sie der ideale Kandidat sind. Malen Sie ihnen ein Bild von dem, was Sie beobachten. Freuen Sie sich auf die Möglichkeit der Zusammenarbeit und die gemeinsame Verwirklichung ihres Traums! Wenn sie Sie langweilen, verweisen Sie sie an eine andere Person.

4. Spenden Sie mehr, als Sie erhalten.

Fügen Sie aus reiner Freude am Schenken weitere Werte hinzu! Übertreffen Sie immer den vereinbarten Wert. Stellen Sie Informationen, Hilfsmittel, Ressourcen und Empfehlungen zur Verfügung. Werden Sie zu einer Ressource für Ihre Kunden und potenziellen Kunden. Sie werden Ihr Loblied singen.

5. Glücklich sein.

Immer und ausschließlich: ENJOY YOURSELF! Freude ist ansteckend, und Kunden mögen die Gesellschaft von glücklichen, begeisterten Menschen. Denken Sie daran, dass Sie umso mehr zurückbekommen, je mehr Wert Sie der Welt geben.

Wenn jeder von Herzen spendet, wird sich die Welt verändern!

Schaffen Sie Reichtum für andere, indem Sie einfach (und effektiv) Sie selbst sind.

KAPITEL 15: TIPPS FÜR EINEN ZUSÄTZLICHEN NUTZEN FÜR IHRE KUNDEN.

Wenn Sie ein Unternehmen gründen und mehr Kunden anziehen wollen, können Sie andere Werte bieten. Anstatt sich darauf zu konzentrieren, was Sie sich von aktuellen und potenziellen Kunden wünschen, betonen Sie den Wert, den Sie ihnen bieten können.

Wenn Frauen die Kosmetiktheke in einem Kaufhaus besuchen oder sich eine Gesichtsbehandlung gönnen, freuen sie sich über kleine Mustergeschenke von Produkten. Das Gleiche gilt für Ihre Kunden. Sie freuen sich, wenn sie kleine "Proben" oder Extras erhalten. Das gibt ihnen das Gefühl, etwas Besonderes zu sein und geschätzt zu werden.

Welche einfachen, unterhaltsamen und leicht herzustellenden Dinge könnten Sie Ihren Kunden schenken, die eine große Wirkung haben würden? Die Möglichkeiten sind unbegrenzt, wenn Sie Ihrer Fantasie freien Lauf lassen! Beispiele sind ein Newsletter, ein Artikel oder eine Liste mit Tipps, eine Checkliste oder ein Quiz, ein kleiner Betrag an anderer Zeit, eine Empfehlung, eine Einladung zu Ihrem Seminar, ein Lesezeichen oder eine handgefertigte Zeitschrift.

Newsletters, Artikel und Tipps.

Meiner Meinung nach sind Newsletter die effektivste Methode, um Beziehungen zu potenziellen Kunden aufzubauen. Mit der Zeit lernen die Menschen Sie kennen, mögen und vertrauen Ihnen und sind bereit, mit Ihnen Geschäfte zu machen.

Laut Marketingexperten müssen Menschen Ihren Namen oder Ihre Dienstleistungen mindestens sieben Mal sehen oder hören, bevor sie bereit sind, bei Ihnen zu kaufen. Ein Newsletter ist eine gute

Möglichkeit, den Kontakt zu halten und gleichzeitig einen Mehrwert zu bieten.

E-Mail-Newsletter sind heute weit verbreitet, und mit der heutigen Technologie sind sie sowohl einfach als auch kostengünstig. Sie müssen keinen langen Artikel schreiben; Sie können mit einer einfachen Liste von Vorschlägen beginnen.

Checklisten und Quizfragen.

Die Erstellung individueller Checklisten und Quizze für meine Kunden hat mir viel Spaß gemacht. Die Leute nehmen gerne an einem Quiz mit 20 Fragen teil, die mit "ja/nein" oder "auf einer Skala von eins bis zehn" beantwortet werden können. Diese können Sie ganz einfach für Ihre Kunden erstellen, die einen großen Nutzen daraus ziehen werden.

Fragen Sie sich: "Was sind die zehn wichtigsten Wünsche meiner Kunden und was sind die zehn größten Probleme, mit denen sie konfrontiert sind?" Erstellen Sie eine Liste mit den Bedürfnissen und

Hindernissen, und schon haben Sie eine einfache, maßgeschneiderte Bewertung.

Je nach Kunde könnte der Titel lauten: "Sind Sie so gesund, wie Sie sein könnten?" oder "Ist Ihr Leben in Harmonie?" Oder: "Besitzen Sie die Eigenschaften eines erfolgreichen Unternehmers?" Sie haben das Konzept.

Extra Zeit.

Bieten Sie einem Kunden, der außergewöhnliche Schwierigkeiten hat, weitere 10 bis 15 Minuten Ihrer Zeit an. Informieren Sie ihn darüber, dass Sie ihm eine weitere Zeit gewähren, damit er nicht jedes Mal damit rechnet, oder melden Sie sich zwischen den Sitzungen telefonisch oder per E-Mail bei ihm, um seine Fortschritte festzustellen.

Sie werden Ihr Interesse sehr zu schätzen wissen, und es wird nicht viel von Ihrer Zeit in Anspruch nehmen. Außerdem ist es schön, wenn Sie ihnen ein wenig zusätzliche Zeit, eine E-Mail oder eine handschriftliche Notiz anbieten, um ihren Erfolg zu feiern.

Empfehlung an Ihr Netzwerk.

Zu Ihrer Marketingstrategie für das Wachstum Ihres Unternehmens sollte der Ausbau Ihres Netzwerks und Ihrer Datenbank gehören. Sie können Ihr Netzwerk nutzen, indem Sie als Ressource für Ihre Kunden fungieren und sie an Personen verweisen, die die von ihnen benötigten Dienstleistungen anbieten. Ihr Kunde könnte erwähnen, dass er einen guten Buchhalter braucht oder dass er nach dem Tennisspielen Rückenschmerzen hat und einen guten Chiropraktiker sucht.

Dies ist Ihre Gelegenheit, die Fachleute zu empfehlen, die Sie kennen. Ihr Kunde wird es sehr zu schätzen wissen, dass Sie über ein umfangreiches Netz persönlicher Kontakte verfügen. Es ist ratsam, mehrere Namen zu nennen, damit er selbst entscheiden kann, mit wem er zusammenarbeiten möchte.

Eine Anfrage zur Teilnahme an Ihrem Seminar.

Laden Sie Ihre Kunden kostenlos oder zu einem ermäßigten Preis zu Ihren Seminaren und Workshops ein. Informieren Sie Ihre Kunden darüber, dass sie als erste von Ihren bevorstehenden Vorträgen und Seminaren erfahren werden. Die Kunden haben das Gefühl, zu Ihrem "inneren Kreis" zu gehören, wenn sie als Erste davon erfahren.

Bieten Sie ihnen einen Anreiz oder eine Empfehlungsprämie, wenn sie einen Freund oder Kollegen mitbringen, z. B. einen Rabatt von 20 % für jede Person, die sie empfehlen und die sich anmeldet. Wenn sie fünf Gäste mitbringen, erhalten sie freien Eintritt. Das gibt ihnen einen Anreiz und hilft ihnen, Ihren Workshop zu füllen. Es könnte das beste Geld sein, das Sie jemals für die Werbung für Ihr Unternehmen ausgeben werden, und es ist kostenlos.

Sie werden sich besser fühlen, wenn Sie Ihren Kunden immer wieder einen anderen Wert bieten, und Ihr Geschäft wird schnell wachsen!

SCHLUSSFOLGERUNG.

Die Schaffung eines außergewöhnlichen Kundennutzens ist ein wesentlicher Faktor für den Erfolg eines Unternehmens. Unabhängig davon, wie viel Sie verlangen, möchten Ihre Kunden das Gefühl haben, dass sie für ihre Zeit und ihr Geld den besten Gegenwert erhalten. Mehr noch: Sie wollen glauben, dass die kostenlosen Angebote, die Sie ihnen machen, von außergewöhnlichem Wert sind.

Indem Sie den Wert Ihrer Produkte und Dienstleistungen steigern, können Sie gleichzeitig die Preise, die Sie dafür verlangen, und Ihre Einnahmen erhöhen. Im Folgenden finden Sie einige Vorschläge, wie Sie den Kundenwert Ihrer Produkte und Dienstleistungen ermitteln und steigern können:

Übertreffen Sie stets die Erwartungen Ihrer Kunden: Indem Sie die normalen Erwartungen Ihrer Kunden übertreffen, steigern Sie den von ihnen wahrgenommenen Wert Ihrer Leistungen erheblich.

Je wertvoller Ihre Kunden Sie und Ihr Unternehmen einschätzen, desto höher ist die Qualität der Informationen oder der Arbeit, die Sie ihnen liefern.

Seien Sie nicht wie alle anderen: Seien Sie einzigartig. Viele Märkte sind übersättigt mit identischen Produkten und Dienstleistungen, die sich kaum oder gar nicht von denen der Konkurrenz unterscheiden.

Es gibt viele Möglichkeiten, sich von Ihren Mitbewerbern zu unterscheiden. Sie können Ihre Waren anders verpacken als die Konkurrenz. Sie können eine Verkaufsstrategie entwickeln, die nicht die gleiche ist wie die aller anderen.

Es gibt viele Möglichkeiten, sich von der Herde abzuheben. Sie können Informationsprodukte so gestalten, dass sie anders aussehen als die Ihrer Konkurrenten. Sie können dafür sorgen, dass Ihr Vertriebssystem einfach und benutzerfreundlich ist.

Eine unverhältnismäßig große Zahl von Unternehmen in allen Bereichen kümmert sich nicht um den Kundenservice. Solange Sie ihr Produkt gekauft haben, interessiert es sie nicht, ob Sie eine positive Erfahrung mit ihrer Firma gemacht haben oder nicht.

Kunden machen gerne Geschäfte mit Unternehmen, die einen hervorragenden Kundenservice bieten. Die gute Nachricht ist, dass Sie davon profitieren können. Es gibt Ihnen die Möglichkeit, einen hervorragenden Kundenservice zu bieten. Sie können den wahrgenommenen Wert Ihrer Produkte und Dienstleistungen in den Köpfen Ihrer Kunden erheblich steigern. Bieten Sie immer einen ausgezeichneten Kundenservice!

Der Aufbau von Beziehungen ist das A und O im Geschäftsleben. Ihre Kunden und Interessenten schätzen langfristige Beziehungen. Ihr Unternehmen wird dadurch zu mehr als nur einem Ort, an dem man Waren kaufen kann. Sie werden zu einem geschätzten Freund und Berater, an den sich Ihre Kunden mit Fragen und Problemen wenden können. Wenn Sie dies konsequent tun, werden Ihre Kunden Ihnen ein Leben lang treu bleiben.

Zusätzlichen Wert hinzufügen: Dieser Punkt scheint aufgrund des Titels des Artikels offensichtlich zu sein. Wenn Sie und Ihr Konkurrent das gleiche Produkt zum gleichen Preis anbieten, müssen Sie sich fragen, warum ein Kunde bei Ihnen und nicht bei Ihrem Konkurrenten kaufen würde.

Wenn Sie keinen Mehrwert für die Transaktion bieten, z. B. einen besseren Kundendienst oder längere Rückgabefristen als Ihre Konkurrenten, wird der Kunde Ihr Unternehmen nicht anders bewerten als die anderen.

Ein außergewöhnlicher Kundennutzen wird Ihr Unternehmen von der Konkurrenz unterscheiden! Heutzutage ist der Wettbewerb hart und brutal, und Sie müssen sich jeden möglichen Vorteil bieten, um in Ihrer Branche zu gewinnen.

Management-Fähigkeiten für Führungskräfte.

1. Zeitmanagement für Manager
2. Mitarbeiter-Coaching für Manager
3. Teambildung für Manager
4. Selbstvertrauen für Manager
5. Verhandlungsgeschick für Manager
6. Kundenservice-Fähigkeiten für Manager
7. Durchsetzungsvermögen für Manager
8. Business-Knigge für Manager
9. Zuhörfähigkeiten für Manager
10. Führungsqualitäten für Manager
11. Kommunikationsfähigkeiten für Manager
12. Präsentationsfähigkeiten für Manager
13. Stressmanagement für Manager
14. Entscheidungsfindung für Manager
15. Konfliktmanagement für Manager.

Serie: Finanzielle Freiheit in jedem Alter.

- Finanzielle Freiheit in den 20ern erreichen
- Finanzielle Freiheit in den 30er Jahren
- Finanzielle Freiheit in den 40ern erreichen
- Finanzielle Freiheit in den 50ern erreichen
- Erreichen der finanziellen Freiheit in den 60ern
- Finanzielle Freiheit in den 70ern und darüber hinaus.
- Finanzielle Freiheit bei Kindern erreichen
- Finanzielle Freiheit bei Teenagern erreichen
- Finanzielle Freiheit bei Studenten erreichen.
- Finanzielle Betrügereien, vor denen man sich im Ruhestand in Acht nehmen sollte.

Serie: Persönliche Finanzen für Sie.
- ➢ Kauf und Verkauf von Kryptowährungen für Anfänger
- ➢ Warum es Sinn macht, in Dividendenaktien zu investieren.

Serie: Reichtum 2022.

- ➢ Online-Unternehmertum.
- ➢ Ihr eigenes Unternehmen gründen
- ➢ Vermögensverwaltung
- ➢ Passives Einkommen.
- ➢ 12 Schritte zur Gründung Ihres eigenen Unternehmens.

Serie: Exzellenter Kundenservice.

- ➢ Exzellenter Kundenservice im Einzelhandel
- ➢ Exzellenter Kundenservice im Fast-Food-Bereich
- ➢ Exzellenter Kundenservice im Full-Service-Restaurant
- ➢ Exzellenter Kundenservice in der Lehre.
- ➢ Exzellenter Kundenservice in der Immobilienbranche
- ➢ Exzellenter Kundenservice in einem Call Center

- Exzellenter Kundenservice als Rezeptionist
- Exzellenter Kundenservice in einem Hotel
- Exzellenter Kundenservice im Verkauf
- Exzellenter Kundenservice in jeder Situation.
- Exzellenter Kundenservice in der Zahnarztpraxis
- Exzellenter Kundenservice in der Arztpraxis.

Serie: Schnelles Geld.

- Schnelles Geld in einer Woche
- Schnelles Geld an einem Wochenende
- Schnelles Geld in einem Monat
- Schnelles Geld für Studenten.

Serie: Wie man Werbung macht.

- Wie Sie Ihr Rezeptbuch promoten
- Wie Sie für Ihr Kinderbuch werben.

Andere Bücher von D.K. Hawkins.

- Wie Sie Ihr Unternehmen während einer Rezession zum Erfolg führen
- Mehrwerte für Kunden schaffen
- Erkennen von Möglichkeiten zur Steigerung des Cashflows.

Autor Bio

D.K. Hawkins. D.K. liest gerne persönliche Geschäftsbücher und verbringt Zeit in der Natur. Es werden noch mehr Bücher in dieser Sammlung erscheinen, also folgen Sie bitte auf Amazon für weitere Bücher.

Vielen Dank, dass Sie dieses Buch gekauft haben.

Ich weiß es wirklich zu schätzen und schätze Sie, meinen hervorragenden Kunden.

Gott segne Sie.

D.K. Hawkins.

www.ingramcontent.com/pod-product-compliance
Lightning Source LLC
Chambersburg PA
CBHW050003230526
45465CB00003BB/1237